中国社科
公司性别多样化研究
以连锁为视角

黄 洁◎著

光明日报出版社

图书在版编目（CIP）数据

公司性别多样化研究：以连锁为视角 / 黄洁著. -- 北京：光明日报出版社，2025.2. -- ISBN 978-7-5194-8544-3

Ⅰ. F279.246

中国国家版本馆 CIP 数据核字第 2025804PM5 号

公司性别多样化研究：以连锁为视角
GONGSI XINGBIE DUOYANGHUA YANJIU：YI LIANSUO WEI SHIJIAO

著　　者：黄　洁	
责任编辑：刘兴华	责任校对：宋　悦　李学敏
封面设计：中联华文	责任印制：曹　净

出版发行：光明日报出版社
地　　址：北京市西城区永安路 106 号，100050
电　　话：010-63169890（咨询），010-63131930（邮购）
传　　真：010-63131930
网　　址：http://book.gmw.cn
E - mail：gmrbcbs@gmw.cn
法律顾问：北京市兰台律师事务所龚柳方律师
印　　刷：三河市华东印刷有限公司
装　　订：三河市华东印刷有限公司
本书如有破损、缺页、装订错误，请与本社联系调换，电话：010-63131930

开　　本：170mm×240mm	
字　　数：146 千字	印　　张：11.5
版　　次：2025 年 2 月第 1 版	印　　次：2025 年 2 月第 1 次印刷
书　　号：ISBN 978-7-5194-8544-3	
定　　价：85.00 元	

版权所有　　翻印必究

序

在现代企业治理的背景下，性别多样化作为一个重要的研究领域，逐渐引起学术界和企业界的广泛关注。随着全球化进程的加快和社会文化的变迁，女性在企业决策层中的角色和地位也发生了显著的变化。然而，尽管性别多样化的理念得到了广泛的认同，女性在企业高层中的比例仍然较低。如何有效促进女性参与企业治理，并通过性别多样化提升企业绩效，成为一个亟待解决的重要课题。

本书旨在系统探讨性别多样化在公司治理中的作用及其影响机制。书中通过连锁视角，详细分析了女性参与企业决策层的影响因素、促进机制以及实际效果，试图为理论研究和实践提供新的视角和方法。

第一章 概论，从研究背景、研究意义、研究问题和研究贡献四方面，对性别多样化在公司治理中的重要性进行了全面概述。通过阐述女性参与企业决策层对企业绩效的影响，强调了研究这一课题的必要性和紧迫性。

第二章 相关理论回顾，深入探讨了公司治理理论、资源依赖理论、社会网络理论以及性别多样化理论，为后续研究提供了坚实的理论基础。

第三章 男性与女性在企业决策层中的差异，通过比较人力资本与社会资本、价值取向和特殊品质、合法性等方面的差异，揭示了性别在企业决策中的多样性特点。

第四章 连锁视角下的女性精英与男性精英，通过对网络行为差异、社会网络特征以及实证分析的探讨，揭示了性别多样化在企业网络中的具体表现和影响。

第五章 高管团队内部微观影响机制，从男性精英和女性精英的不同影响出发，探讨了高管团队内部的性别互动及其对企业治理的影响。

第六章 企业性别多样化促进机制，重点分析了外部促进机制的必要性及其途径，提出了在政治、制度、文化、组织结构、个人职业发展等方面的具体措施。

第七章 挑战与展望，总结了当前在企业性别多样化推进过程中面临的主要挑战，并对未来的研究方向进行了展望。

本书的研究不仅在理论上对性别多样化和公司治理的相关理论进行了拓展和深化，还为企业在实践中如何有效促进性别多样化提供了宝贵的经验和建议。希望本书能为学术界和企业界提供有益的参考，推动性别多样化在企业治理中的应用和发展。

在此，我衷心感谢所有为本书的写作和出版付出努力的研究人员和工作人员。同时，也期待读者能从本书中获得启发，共同推动性别多样化在企业治理中深入发展。

此致
敬礼！

黄洁
2024 年 6 月于北京

目 录
CONTENTS

第一章 概 论 ··· 1
  第一节 研究背景 ·· 1
  第二节 研究意义 ·· 5
  第三节 研究问题 ·· 7
  第四节 研究贡献 ··· 23

第二章 相关理论回顾 ··· 25
  第一节 公司治理理论 ··· 25
  第二节 资源依赖理论 ··· 36
  第三节 社会网络理论 ··· 38
  第四节 性别多样化理论 ··· 47

第三章 男性与女性在企业决策层中的差异 ······················ 57
  第一节 人力资本与社会资本的差异 ································ 58
  第二节 价值取向和特殊品质的差异 ································ 60
  第三节 合法性的差异 ··· 65

第四章　连锁视角下的女性精英与男性精英 …… 69
第一节　不同的网络行为差异 …… 70
第二节　不同的社会网络特征 …… 77
第三节　实证分析 …… 80
第四节　小世界效应 …… 100
第五节　结构视角下的多样化发展前景 …… 103

第五章　高管团队内部微观影响机制 …… 105
第一节　男性精英的影响 …… 107
第二节　女性精英的影响 …… 118
第三节　实证分析 …… 122

第六章　企业性别多样化促进机制 …… 144
第一节　外部促进机制必要性 …… 147
第二节　外部促进机制建设途径 …… 154
第三节　社会网络结构 …… 158
第四节　中国情境下多样化促进策略 …… 161

第七章　挑战与展望 …… 166
第一节　主要挑战 …… 166
第二节　未来研究方向与展望 …… 168

参考文献 …… 170

第一章

概 论

第一节 研究背景

提高女性领导者的数量,提高女性在公司决策层参与度的目的,不是想强调女性领导力与男性相比的差异,而是旨在加大管理多样化,提升人才效率,从而增强企业和社会效能。国际劳工组织2019年报告表明,性别多样化可以提高企业绩效,并能吸引高效人才。报告总共追踪70个国家约13000家企业,在存在管理层性别多样性的企业中,约四分之三的企业利润增长了5%~20%,其中大多数公司的增长率在10%~15%。报告还通过对186个国家1991—2017年的数据分析发现,一国女性就业的增加与该国GDP增长正向相关。①

从现实劳动力市场看,商业世界的女性领导极其缺乏,女性参与企业决策层的进程缓慢。根据国际劳工组织报告,在全球范围内,女性占高管职位平均比例约21%,其中亚洲整体低于平均水平。目前,欧美发

---

① ACT/EMP Report 2019. Women in Business and Management: The Business Case for Change [R]. Bureau for Employers' Activities (ACT/EMP) International Labour Office, 2019.

达国家在积极推动女性力量，其社会文化强调女性追求自我和独立，不拘泥于传统观念，提倡积极发挥女性价值和贡献，这对提高女性参与企业决策层比例具有积极影响，也有利于推动女性领导力的发展。在我国，除了宪法规定不得歧视女性，还制定了大量法律和政策保障女性平等就业。虽已落实许多保障女性在劳动力市场中权利的法律和法规，但大多反歧视政策由于一些不可预料的后果，落实效果十分有限。中国作为世界第二大经济体，女性劳动参与率领先世界，基层岗位男女比例各半，但在各级管理层晋升过程中，女性参与度锐减，中级管理约22%，高级管理约11%，董事会10%，CEO只有2%。[①] 在女性参与企业决策层的问题上清除女性事业发展的阻碍，中国还任重道远。

　　从制度建设看，截至2018年，全球已有10个国家的上市公司和国有企业实施了女性领导人配额制管理（女性在管理团队中占比必须满足法定比例，否则要接受规章制度惩罚），另有15个国家在公司法中明确规定，企业具有披露高管团队性别构成的义务，越来越多的国家对领导团队的性别多样化问题进行激烈讨论。在促进性别多样化的策略中，法定性别配额制度和其他相关措施正在被各国采用或准备实施，以改善董事会中的性别多样性。而中国目前尚无明确政策要求董事会多样化，包括性别多样化，在上市规则中也不存在对董事会多样化政策进行披露的要求。包括董事会在内的高级管理层多样化建设主要依靠公司管理者对多样化的理解和认识，或是来自公司的内部需求。虽然监管机构要求董事应该具备专业背景，并且鼓励公司建立规范的选聘机制，从客观上有利于董事会多样化，但总体上缺乏外部措施引导。政府应该负责营造一个在政策上支持职场男女平等和性别多样性的大环境。如何建设和促

---

① McKinsey & Company Report 2018. Delivering through Diversity [R]. McKinsey & Company, 2018.

进企业决策层中性别多样化制度,并保证其实施效果,实现预期结果,仍亟待研究。

从中国企业女性领导力看,中国并不乏优秀的女性领导代表,格力电器董事长董明珠、阿里巴巴副总裁彭蕾、携程总经理孙洁、滴滴出行总裁柳青等,都向我们证明了女性领导为企业和社会带来的高效能。中国企业也在推进女性参与的进程中不断努力和发展,比亚迪、联想和百胜中国在推进职场女性发展中表现突出,成为首批入选彭博性别平等指数(Gender Equality Index)的中国企业。中国期待未来能有更多优秀女性担任公司管理者,以及更多女性董事发挥其专业经验。这不仅可以提升公司治理水平,还将推动女性领导力不断发展。

为达到这一愿景,我们需要解决几个基本问题:为何即使大量研究表明,女性引入能够为企业带来好处,如增加管理团队的认知范围、降低企业决策风险,以及更符合社会公平的价值观等[1],管理层性别多样化进程仍十分缓慢;为何在同等教育背景下,拥有同等人力资源,并且人数充足的女性候选者进入企业决策层困难重重,什么因素导致了这种顽固的阻碍机制;怎样的促进策略能有效助力多样化进程。

关于女性参与企业决策层的研究至今已有40余年。[2] 最新研究指出,企业层面的集体失智和刻板认知习惯是女性参与高管团队比例持续

---

[1] BEAR S, RAHMAN N, POST C. The Impact of Board Diversity and Gender Composition on Corporate Social Responsibility and Firm Reputation [J]. Journal of Business Ethics, 2010, 97 (2): 207-221; TERJESEN S, SEALY R. Board Gender Quotas: Exploring Ethical Tensions from A Multi-Theoretical Perspective [J]. Business Ethics Quarterly, 2016, 26 (1): 23-65.

[2] HARRIGAN K R. Numbers and Positions of Women Elected to Corporate Boards [J]. Academy of Management Journal, 1981, 24 (3): 619-625.

走低的原因。① 通过研究韩国企业发现，企业对女性领导力的刻板印象仍然普遍存在，企业认为男性领导是标配，由于性别歧视而引起巨额企业经营成本，最终影响企业绩效。还有学者从社会网络结构视角解释女性参与度低的原因，认为习惯性选择行为使男性领导在社会交往中出现不易察觉的选择性偏误，从而造成女性社会网络连接的先天性缺陷。无论是与客户、供应商还是合作关系建立联系，占据主导地位的男性习惯性地推荐或者选择其他男性合作者，从而造成对女性的实质性歧视。②本研究以女性参与企业决策层进程缓慢为切入点，来探讨企业高管团队的性别多样化阻碍机制和促进策略。本研究从社会行为视角和社会网络视角，基于社会认知理论、高阶理论、最优特性理论等理论工具，一方面，在现有文献基础上对高管团队进行细分，打破现有对高管团队的同质化假设，通过影响女性领导力引入两个路径——管理层与相关利益方的行为互动动机与认知、反馈机制，分析高管团队成员和其他企业利益相关者对性别多样化的影响，以揭示其背后的微观和宏观机制；另一方面，借助社会网络分析方法等该领域较前沿的研究方法，追随该领域前沿研究方向，从结构视角探讨性别多样化的有效外部干预策略，以期对实践起到指导作用。

---

① SIEGEL J, LYNN P, CHEON B Y. Multinational Firms, Labor Market Discrimination, and the Capture of Outsider's Advantage by Exploiting the Social Divide [J]. Administrative Science Quarterly, 2019, 64 (2): 370-397.
② ABRAHAM M. Gender – role Incongruity and Audience – based Gender Bias: An Examination of Networking among Entrepreneurs [J]. Administrative Science Quarterly, 2019, 65 (1): 151-180.

第二节 研究意义

本研究的意义在于：多层次考察企业决策层性别多样化影响因素，结合社会行为视角、社会网络结构视角和制度视角，对企业内外部阻碍因素进行系统解析，并提出有效的多样化促进措施建议。

一、理论意义

（一）构建企业决策层性别多样化阻碍机制模型，丰富了公司治理中有关董事会构成与效率、多样化与女性领导力的相关理论。以往的研究大多依托零散的社会心理学理论，特别是对性别维度多样化的讨论，依赖社会认同理论将组内成员同质化，忽略了同性别成员之间的异质性。实际上，男性董事构成的现有管理团队，不仅仅从性别角度形成了"男性俱乐部"，其中的男性精英高管（CEO、董事会主席、连锁董事等）更是由于其特殊身份与垄断性社会资源形成区别于一般高管的行为动因，他们对企业决策层性别多样化的影响应该与单纯由性别维度产生的影响区别开来。本研究将以群体垄断性社会地位维护作为切入点，探讨男性精英高管基于其垄断社会地位维护的顾虑，与女性群体进行博弈，从而形成组别间的壁垒，从负面动机的角度，揭示女性进入决策层的异质性阻碍因素，完善女性职场"玻璃天花板"相关的理论，如社会认知理论、高阶理论、女王蜂理论等。

（二）将合法性作为载体建立多层次模型，解释管理层中男女差异，弥补现有多样化研究中因果联系不足的缺陷。以往大多数研究只关注同性之间互助行为对女性参与公司决策层的影响，如基于男性对男性提拔而产生的阻碍、基于女性对女性支持而产生的助推等，而缺乏管理层中的男性和女性差异怎样影响企业行为与业绩的直接证据。本研究从探讨管理层中男女差异的证据入手，发现合法性是男女互动行为的核心载体，企业高管层内部和外部行为主体都通过自身认知体系，对自身合法性以及由此产生的经济社会后果进行信息处理与反应，从而形成影响女性领导力引入的前置因素，同时这些因素又通过反馈机制作用于企业行为与绩效等，形成一个复杂的因果体系。

（三）结合宏观社会网络结构，创新促进制度建设，探讨性别配额制度对企业决策层性别结构平衡的有效性。本研究在社会网络分析理论框架下，提出了可以利用智能体基模型（Agent-based Model）构建企业决策层多样化促进制度，希望能够使微观与宏观机制相结合，对有效促进机制设计进行创新性探讨与研究。一方面，以个人行为动因作为微观机制基础，构建智能体行为效用函数，模拟社会网络演化规则；另一方面，以社会网络结构属性作为宏观机制条件边界，揭示社会网络演化的规律，利用仿真模拟方法，能够检测不同强度的外部刺激措施对社会网络结构的影响效果，从而有效促进制度建设。这种研究方法，不仅能加深对组织内部微观机制的理解，也能够利用社会网络理论优势，设计有效干预政策。

二、实践意义

（一）本研究通过考察企业决策层性别多样化阻碍机制，对团队制度环境进行诊断，及时发现和避免妨碍公司治理的因素。研究表明，现有领导团队对公司治理制度环境具有重要影响，特别是拥有权威话语权的团队成员是否支持促进多样化是企业股东和主管部门（需要达到性别多样化的社会主体）需要明确的首要问题。本研究通过收集上市公司董事会数据，基于连锁董事关系，构建起上市公司连锁董事社会网络，在界定男性精英团队的基础上，构建性别多样化阻碍模型，从而为管理层多样化建设提供相应依据。例如，在企业决策层多样化管理中可以据此提出相应的评价指标，对管理团队中人员构成平衡度进行诊断，及时发现并消除由企业制度环境孕育出的对女性高管的排斥现象。

（二）本研究结论可运用于企业决策层多样化管理，据此制定合理的性别多样化政策。无论是具有多样化需求的企业，还是政策制定者，本研究所提出的将中国具体国情作为仿真语境的模型，都能以低成本对未来发展趋势进行有效预判，模型结果也能直接指导多样化实践。真正解答怎样实现团队多样化、怎样判定既有的性别平衡能否长期保持而不反弹、外部刺激手段是否能够有效促进性别多样化等问题。本研究还能解决如何通过企业决策层女性参与度改变管理层性别维度的结构性限制，使女性参与形成自我复制效果，成为良性循环，而不再依赖于强制性政策，让性别多样化的管理团队构成达到长期平衡点，从而达到建设高效企业管理团队、提升企业和社会效能的目的。

（三）本书剖析女性在经济领域高层的发展阻碍，进而提出有效策略建议，发掘女性潜能，释放中国经济发展更强生命力。构建更平衡的社会环境，发掘女性新潜能，不仅是经济发展的更强生命力所在，也是文明进程的必然方向。剖析并破除女性领导力发展障碍，让女性为经济发展贡献智慧，为中国经济能够可持续创新发展提供新动能。

第三节　研究问题

女性参与企业决策层不仅对企业价值具有显著影响，还能增加经济社会整体效能。代理理论和资源依赖理论都支持女性参与，以降低企业内部代理成本和增加企业战略资源，提高企业生产力，增加企业价值。然而，女性在企业生产经营活动中的参与度持续不足，国内外研究尚未对该问题进行充分说明。相较于女性参与对经济社会产生影响结果的研究，对女性领导力引入影响因素的研究目前还不多，特别是中国本土研究更少。在对女性参与阻碍机制的研究中，微观与宏观机制之间连接不紧密，缺乏多层次研究，且在全球范围内对有效促进策略的研究也处于起步阶段，这些都为本研究提供了良好的研究机会与拓展空间。

对女性参与公司决策层的研究具有典型的跨学科属性，所涉领域包括政治学、法学、社会心理学、公司金融学、管理学、伦理学等学科。伴随着公司治理丑闻的不断爆发，引入女性领导力的呼声渐高，女性领导力被认为能提升决策层效率，提升企业和社会效能。

从时间维度上梳理，该领域最早的研究出现在20世纪80年代早期，主要聚焦在女性领导的个性特征、与男性领导之间的个体差异，以及不同公司董事会的系统比较。20世纪90年代，有关女性参与决策层的影响结果研究开始涌现，包括对决策过程、决策结果等决策层本身的影响，对包括社会责任在内的公司行为的影响，对包括公司内部管理层以下员工多样化的影响等。同时，国家层面的制度等作为促进或阻碍女性进入董事会的关键情境因素也开始被关注。20世纪90年代末到21世纪初，研究热点集中到公司财务表现。2005年之后，研究主题逐渐多样化，出现了不同视角的研究，如媒体、投资者等利益相关者对女性引入的影响以及这些外部制度因素对公司价值的影响，女性引入对公司声誉的影响等。2010年左右，该领域开始逐渐关注影响女性参与公司决策层的因素，以及相关规章制度。研究主题逐渐从中观层面转向微观和宏观层面，较多加入社会行为因素，探讨管理团队中女性领导与男性领导、股东、投资者等之间的关系与互动行为，并从国家层面进行具体的制度性探索。

结合主流文献的发展脉络，将现有文献根据研究主题分为三大类别进行评述：女性参与公司决策层后果研究；女性参与公司决策层前因研

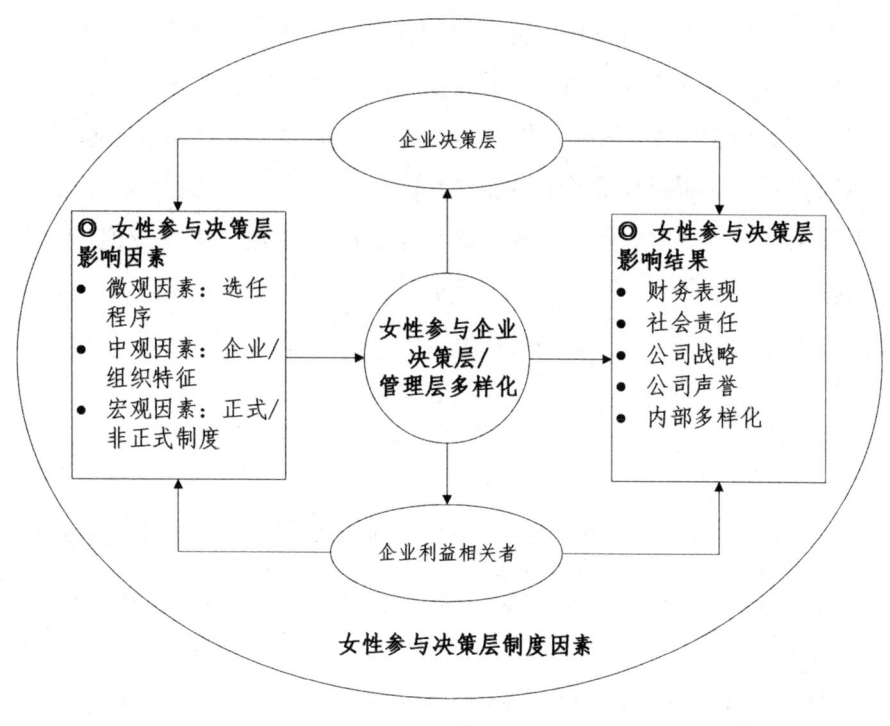

究；女性参与公司决策层促进制度研究（如图1-1所示）。

图 1-1 文献回顾总体框架

一、女性参与企业决策层影响结果研究

从本质上来说，企业管理层多样化属于公司治理研究范畴。现有文献分别从代理理论视角和资源依赖理论视角，探讨了女性参与公司决策层对公司价值的影响。女性领导力被认为能够在组织框架下，通过加强监管职能与企业责任，增进企业效益。[1] 代理理论[2]在公司治理理论体

---

[1] HAMBRICK D C, WERDER A V, ZAJAC E J. New Directions in Corporate Governance Research [J]. Organization Science, 2008, 19 (3): 381-385.

[2] JENSEN M C, MECKLING W H. Theory of the Firm: Managerial Behavior, Agency Costs and Oownership Structure [J]. Journal of Financial Economics, 1976, 3 (4): 305-360.

系中最有影响力。代理理论认为代理问题①,也就是委托人与代理人之间的关系,其根源是所有权与经营权的分离。代理理论聚焦于董事会的监管职能与对高管的薪酬激励,着重研究前两者对减轻代理问题的积极作用。② 从代理理论视角看,公司治理可能得益于女性更加保守和谨慎的性别特质,从而减少企业的风险行为③,避免安全审查欺诈行为④,对管理层更尽责地监督⑤等,进而增加企业账面价值、市场价值。⑥ 资源依赖理论⑦认为,在公司治理的研究框架下,将董事会成员看作公司稀缺资源的提供者,比如,决策建议、融资来源、社会关系资源等

---

① BERLE A, MEANS G. The Modern Corporate and Private Property [M]. New York: Transaction Publishers, 1932: 8-9.
② GARG S, EISENHARDT K M. Unpacking the CEO-Board Relationship: How Strategy Making Happens in Entrepreneurial Firms [J]. Academy of Management Journal, 2017, 60 (5): 1828-1858.
③ FACCIO M, MARCHICA M T, MURA R. CEO Gender, Corporate Risk-taking, and the Efficiency of Capital Allocation [J]. Journal of Corporate Finance, 2016, 39: 193-209.
④ CUMMING D, LEUNG T Y, RUI O. Gender Diversity and Securities Fraud [J]. Academy of Management Journal, 2015, 58 (5): 1572-1593.
⑤ ADAMS R B, FERREIRRA D. Women in the Boardroom and Their Impact on Governance and Performance [J]. Journal of Financial Economics, 2009, 94 (2): 291-309.
⑥ ABDULLAH S N, ISMAIL K N I K, NACHUM L. Does Having Women on Boards Create Value? The Impact of Societal Perceptions and Corporate Governance in Emerging Markets [J]. Strategic Management Journal, 2016, 37 (3): 466-476; POST C, BYRON K. Women on Boards and Firm Financial Performance: A Meta-Analysis [J]. Academy of Management Journal, 2015, 58 (5): 1546-1571.
⑦ PFEFFER J, SALANCIK G R. The External Control of Organizations [M]. Stanford: Stanford University Press, 1978: 39; HILLMAN A J, CANNELLA JR A A, HARRIS I C. Women and Racial Minorities in the Boardroom: How Do Directors Differ [J]. Journal of Management, 2002, 28 (6): 747-763; WRY T, COBB J A, ALDRICH H E. More than a Metaphor: Assessing the Historical Legacy of Resource Dependence and its Contemporary Promise as a Theory of Environmental Complexity [J]. Academy of Management Annals, 2013, 7 (1): 441-488.

等。① 作为有影响力的董事会成员，其个人相关行业经验能够为公司提供有价值的咨询，从而增进战略决策有效性，并提高企业收入②，女性过往的社会经验、技能能为企业带来独特的社会资源，比如，女性企业家之间的互助等。

中国的本土研究，以此流派为主，特别是针对女性领导对公司业绩影响的研究最多。比如，认为女性领导能拓展决策层认知领域，为企业决策提供新鲜视角，从而改善公司绩效③，提升公司外部高质量审计需求④，防止企业过度投资⑤，减少融资约束⑥，女性人力资本和社会资本有效提升企业绩效⑦，管理团队之间的性别差异性能增进企业会计稳健性⑧等。相较而言，对公司战略、公司声誉、企业社会行为、企业内部多样化、企业决策过程等产生影响结果的研究还比较欠缺⑨，可以推断在中国该领域的研究还处于快速发展阶段，有较大发展空间。同时，

---

① HILLMAN A J, WITHERS M C, COLLINS B J. Resource Dependence Theory: A review [J]. Journal of Management, 2009, 35 (6): 1404-1427.
② LUNGEANU R, ZAJAC E J. How Expert Directors Influence Strategy in Newly Public Firms: A Reconceptualization and Analysis [J]. Penn State Working Paper, 2015.
③ 曾萍，邬绮虹. 女性参与高管团队对企业绩效的影响：回顾与展望 [J]. 经济管理，2012, 34 (1): 190-199.
④ 况学文，陈俊. 董事会性别多元化、管理者权力与审计需求 [J]. 南开管理评论，2011, 14 (6): 48-56.
⑤ 范合君，叶胜然. 中国女性领导者真的能够抑制企业过度投资吗？：基于经济周期不同阶段的实证研究 [J]. 经济管理，2014, 36 (4): 73-81.
⑥ 胡志颖. 女性 CEO、社会信任和公司融资约束 [J]. 经济管理，2015, 37 (8): 88-98.
⑦ 任颋，王峥. 女性参与高管团队对企业绩效的影响：基于中国民营企业的实证研究 [J]. 南开管理评论，2010, 13 (5): 81-91.
⑧ 刘永丽. 管理者团队中垂直对特征影响会计稳健性的实证研究 [J]. 南开管理评论，2014, 17 (2): 107-116.
⑨ 王清，周泽将. 女性高管与 R&D 投入：中国的经验证据 [J]. 管理世界，2015, 31 (3): 178-179；熊艾伦，王子娟，张勇，等. 性别异质性与企业决策：文化视角下的对比研究 [J]. 管理世界，2018, 34 (6): 127-139；潘镇，何侍沅，李健. 女性高管、薪酬差距与企业战略差异 [J]. 经济管理，2019, 41 (2): 122-138.

可充分利用国际研究成果，在高起点上结合中国具体情境，开发更有实践指导意义、更符合国情的本土研究。

总体而言，这类研究在该领域中发展最为成熟，以普斯特（Post）和拜伦（Byron）[①]的元分析文章为里程碑，学者们在公司治理分析框架下，对女性提升公司治理效率的不同维度进行深入探讨，大多数学者支持女性领导能为企业带来积极影响，认为女性领导能改善公司治理效率、降低企业风险、提高企业效益。[②] 在实证数据上，绝大多数研究证明了女性领导力对公司社会责任等社会行为的正面影响，但对女性参与决策层与公司财务表现之间的因果关系尚未得到一致观点。主要原因是受到数据以及方法方面的限制：第一，管理层的性别结构与公司业绩之间由于链条较长，很难直接将管理层包括性别特征在内的个人特征与企业后果联系起来，因此无法清楚判别其因果联系；第二，性别作为一个容易获取而并不准确的代理变量，很多推论暂且得不到直接证实，特别是对女性特质与行为的推论还严重依赖于对女性特质的假设。第三，这类研究无法回答既然女性参与能增进企业效益，改善企业战略选择，为什么高管团队性别多样化进程仍然十分缓慢，阻碍机制是什么的问题。本研究以此为研究目标之一。

二、女性参与企业决策层影响因素研究

关于女性参与企业决策层影响因素（前因）研究，旨在探索企业对监管和资源的理性需求，以及在社会互动过程中，对女性领导力的引入行为如何受到影响。这类研究可按照研究层面分成宏观、中观和微观

[①] POST C, BYRON K. Women on Boards and Firm Financial Performance: A Meta-Analysis [J]. Academy of Management Journal, 2015, 58 (5): 1546-1571.

[②] ADAMS R B, FERREIRRA D. Women in the Boardroom and Their Impact on Governance and Performance [J]. Journal of Financial Economics, 2009, 94 (2): 291-309.

研究：宏观层面（Macro-level）关注组织之外的制度因素；中观层面（Meso-level）关注行业、组织以及经济单位（部门）的不同特征因素；微观（Micro-level）关注包括董事会在内的管理层任用过程、内部动态博弈，以及企业内部精英等因素。

目前中观视角研究最多也最成熟。该视角主要从功能性角度，探讨性别结构与管理层、公司、行业等的直接联系，将功能益处，也就是经济收益看作女性被选任的理由。希尔曼（Hillman）等人[1]利用资源依赖理论，探讨了哪些企业最能受益于女性参与。其他一些研究证明，大董事会、成熟公司、外国机构投资者等因素会产生更多女性董事成员。与管理层多样化的后果研究类似，他们都是以代理理论和资源依赖理论为基础的，探讨不同机制对企业女性引入行为的影响，这从侧面证明在女性参与企业决策层的研究中，前因与后果之间的联系错综复杂[2]，还需要新机制进一步厘清内在联系。

相较而言，宏观和微观视角的研究较少。其中从宏观研究上看，宏观层面根据研究内容有两大类别，第一类关注研究制度设计和宏观结构方面；第二类关注组织之外利益相关者，也就是研究相关行为主体的外部影响。前一类研究因素相对独立，将在下一节详细回顾，这里主要探讨第二类。其他利益相关的行为主体通过自身对女性参与决策层的认识机制和反馈行为对多样化结果产生影响，比如，股东通过股东提案影响董事会任命过程[3]，证券交易监管部门、董事专业协会、游说组团、公

---

[1] HILLMAN A J, SHROPSHIREh C, CANNELLA A A. Organizational Predictors of Women on Corporate Boards [J]. Academy of Management Journal, 207, 50 (4): 941-952.

[2] ADAMS R B, HERMALIN B E, WEISBACH M S. The Role of Boards of Directors in Corporate Governance: A Conceptual Framework and Survey [J]. Journal of Economic Literature, 2010, 48 (1): 58-107.

[3] DOLDOR E, SEALY R, VINNICOMBE S. Accidental Activists: Headhunters as Marginal Diversity Actors in Institutional Change towards More Women on Boards [J]. Human Resource Management Journal, 2016, 26 (3): 285-303.

共媒体等整个经济系统中的参与者,共同影响着女性参与决策层的宏观环境,无论产生的这种宏观氛围最终能否成为正式制度,都将直接或间接地影响董事会结构。[1] 总体来说,宏观视角的研究还处于发展阶段,对于宏观影响机制的研究还有很大空间。目前国内外对于高管团队之外的企业重要利益相关方如何通过自身认知系统,对女性参与决策层的信息进行处理,然后通过自己的行为反馈来影响企业引入女性领导结果的机制研究还较少。

从微观研究上看,其与中观视角以理性经济假设为前提的讨论相区别,主要从社会嵌入视角,探讨候选人任用过程中与现有团队之间的社会行为互动。这类研究利用诸多源于社会学领域的构念和理论,包括同质社交再现(Homosocial reproduction)、同性社交倾向(Homosociality)、同质性理论(Homophily)、相似吸引理论(Similarity-attraction)等来描述和解释现有董事会成员挑选与自己特征相似的候选人,对作为企业领导层主力的男性来说,他们对同性同僚的态度、观点和评价更加积极和正面,因为他们将同属男性的同事们和自己归属为统一组别,对同组别个体的肯定能增强组别价值,同时提高自身作为组内成员的价值[2],研究通过这种带有性别偏见的选择习惯来揭示女性在现有结构下被排斥的现象。

典型的微观视角研究是探讨守门人效应。学者们围绕不同现象,对领导层男女性之间的社会行为互动关系进行了研究。(1)男—男互助。针对男女董事内部培训机会差异问题,麦克唐纳(Mc Donald)和韦斯

---

[1] SHERIDAN A, SMITH A, LORD L. Institutional Influences on Women's Representation on Corporate Boards: An Australian Case Study [J]. Equality, Diversity and Inclusion, 2014, 33 (2): 140-159.

[2] BREWER M B. Optimal Distinctiveness, Social Identity, and the Self [M] //LEARY M R, TANGNEY J P. Handbook of Self and Identity. New York: Guilford Press, 2003: 480-491.

特法尔（Westphal）① 以社会心理学的组内偏见理论为基础，讨论了企业内部男性董事之间的互助行为如何导致女性董事引入的困难，特别是女性成为精英高管（获得多个董事提名和任职）的负面效果。通过比较首次任职的男性董事与女性董事受到前辈董事的指导数量与质量，将讨论延伸到女性董事的后续职位选任受到首次任职时职业指导质量的重要影响。由单一性别差异而引发的同性之间的互助行为，对高管团队的多样化后果具有放大效果。（2）女—女互助。古尔迪肯（Guldiken）② 利用社会心理学理论，探讨了男女性战略性领导分别对高管层女性领导引入的影响。古尔迪肯严格区分唯一女性董事任命与多席女性董事任命之间的区别，包括被选拔的动机和可能带来的不同影响。③ 该研究证明了同性之间互助的重要性，支持了女性的战略领导对于更多女性领导提名具有显著正向影响。（3）非线性男—女关系。针对男性选择异性董事的动因，朱等④讨论了现有团队成员如何从众多统计特征不同的候选人中识别出"自己人"。已有文献主要关注了企业管理层性别这个单一维度，并说明组间偏见是形成女性领导持续性缺失的主要原因。而朱等将统计特征分为不同维度，对差异性进行降维处理，认为在选人过程中重要的识别机制是"求同存异"，也就是在众多不同特征中，寻求与现有

---

① MCDONALD M L, WESTPHAL J D. Access Denied: Low Mentoring of Women and Minority First-Time Directors and its Negative effects on Appointments to Additional Boards [J]. Academy of Management Journal, 2013, 56 (4): 1169-1198.

② GULDIKEN O, MALLON M R, FAINSHMIDT S, et al. Beyond Tokenism: How Strategic Leaders Influence More Meaningful Gender Diversity on Boards of Directors [J]. Strategic Management Journal, 2019, 40 (12): 2024-2046.

③ PERRAULT E. Why Does Board Gender Diversity Matter and How Do We Get There? The Role of Shareholder Activism in Deinstitutionalizing Old Boys' Networks [J]. Journal of Business Ethics, 2015, 128 (1): 149-165.

④ ZHU D H, WESTPHAL J D. How Directors' Prior Experience with Other Demographically Similar CEOs Affects Their Appointments onto Corporate Boards and the Consequences for CEO Compensation [J]. Academy of Management Journal, 2014, 57 (3): 791-813.

团队最契合的人选，并且结合资源依赖理论，将候选人与其他企业的社会联系作为今后任职管理岗位的重要资源。也就是说，具有丰富社会联结与资源的候选人，更有可能被任命重要决策岗位，对企业的战略决策影响也会更重要。

  总体来说，中国本土的相关研究较少，主要研究还是集中在对女性加入决策层后的影响结果研究。马云飙等[1]发表在《管理世界》上的文章对企业实际控制人的性别进行了研究，并提出在中国传统文化情境下，企业文化中的"家长制""一言堂"现象十分严重[2]，导致了实际控制人对企业的影响可能超过其他企业中的重要角色，如公司董事、CEO。其实，很多实际控制人与公司董事、CEO 的身份重叠，研究管理层多样化仍然很有意义，甚至可以在研究了实际控制人身份后，对董事、CEO 等高管团队成员进行深入研究，还可以研究控制人与董事、CEO 等重要企业角色之间垂直对关系、互动机制等来研究女性参与决策层的影响因素，而不仅仅将研究局限于影响结果，这些都可以成为本土研究的新课题。如前所述，影响因素与影响结果在管理层多样化的研究中是相辅相成的，在对中国企业中女性领导力的影响结果研究的基础上，如加入影响因素的研究，定能相得益彰。

  随着多学科交叉融合，该领域影响因素研究主题呈现多样化，特别是目前较薄弱的微观和宏观研究也在不断涌现。从 2015 年以后发表在学院管理杂志（Academy Management Journal）、战略管理杂志（Strategic Management Journal）、商业伦理杂志（Journal of Business Ethics）等国际顶尖杂志上的研究及其方向可以看出，学者们更加关注微观机制研究，

---

[1] 马云飙，石贝贝，蔡欣妮. 实际控制人性别的公司治理效应研究[J]. 管理世界，2018, 34 (7): 136-150.

[2] 郑志刚，郑建强，李俊强. 任人唯亲的董事会文化与公司治理：一个文献综述[J]. 金融评论，2016, 8 (5): 48-66.

从行为和制度视角来全面揭示女性参与决策层的阻碍,以期开发和构建有力指导实践的理论。作者认为,目前研究的局限性和可扩展性有两方面:第一,在微观层面上,对"精英"概念同质化,缺乏异质性分析。也就是仍将男性高管或女性高管组内成员的性别同质化,缺乏对同性别组内成员的进一步细分,比如,拥有丰富社会资源的男性领导和在董事委员会中更有话语权的男性领导,与一般的男性领导在行为方式上的差异也会影响其对待女性参与高管团队的态度和评价。第二,在宏观层面上,缺乏对组织之外的关键利益相关者因素的分析。这些利益相关的行为主体,通过自己对女性参与决策层的认识和反馈机制对多样化结果产生影响,比如,实际控制人、股东、证券交易监管部门、董事专业协会、游说组团、公共媒体等整个经济系统中的参与者,多样化的需求不仅由选任者决定,即现任 CEO、董事会主席、提名委员会董事成员等,所有的利益相关者都可共同影响女性参与决策层的宏观制度环境,从而影响董事会结构。[①]

三、女性参与企业决策层促进机制研究

促进策略研究关注组织外制度环境因素对女性领导力引入的影响,此类研究按照主题一般分为促进策略产生因素的研究(前因研究)和策略影响后果的研究(后果研究)。

现有文献将促进策略产生因素分为三类:一是理性经济收益,也就是前文提到的,由于女性领导力的引入能真正提高企业价值和社会效益,所以企业所有者和公共管理者都有推进女性领导力引入的动因;二是商业伦理,从杜绝商业领域歧视现象动机出发,不应该将女性排除在

[①] SHERIDAN A, SMITH A, LORD L. Institutional Influences on Women's Representation on Corporate Boards: An Australian Case Study [J]. Equality, Diversity and Inclusion, 2014, 33 (2): 140-159.

高级管理者劳动市场之外；三是社会民主公平，将视角扩大到全社会，由男女共同组成的社会不应该只由一方施行决策，这样对另一方不公平。

比如，在欧洲，始于挪威的法定性别配额制度就源于对社会公允的考虑，但在立法讨论过程中，也出现了经济利益和个人事业发展的考量。① 由于挪威的示范作用，法定性别配额制度的促进策略迅速在欧洲范围内扩散，示范机制和传染机制在这里起到了重要作用。② 在美国，法定性别配额制度没有得到实施，学者认为，这是由于美国的精英社会传统所导致的③，早已占据精英阶层的男性形成了坚不可摧的"男性俱乐部"，这种"精英"身份的认同强烈地抵制了正式制度的建立。在中国等亚洲国家，存在着"男主外女主内"的传统文化，男性在商业社会中所固有的结构不仅形成"男性俱乐部"，甚至对女性商业价值的讨论还处于快速发展阶段，西格尔（Siegel）等人④通过对韩国企业的研究，证明企业对女性的刻板印象造成对女性领导力的忽视，增加了企业

---

① HUSE M. The Political Process behind the Gender Balance Law ［M］//MACHOLD M, HUSE K, HANSEN, et al. Getting Women on to Corporate Boards: A Snowball Starting in Norway. Cheltenham: Edward Elgar, 2013: 9 - 16; TEIGEN M. Gender Quotas on Corporate Boards: On the Diffusion of a Distinct National Policy Reform ［M］// ENGELSTAD F, TEIGEN M (ed). Firms, Boards and Gender Quotas: Comparative Perspectives. Bingley: Emerald, 2012: 115-146.
② CHANDLER A. Women on Corporate Boards: A Comparison of Parliamentary Discourse in the United Kingdom and France ［J］. Politics & Gender, 2016, 12 (3): 443-468.
③ DOLDOR E. Gender Diversity on UK Boards: Exploring Resistance to Quotas ［M］// GROSCHL S, TAKAGI J. Diversity Quotas, Diversity Perspectives: The Case of Gender. Gower: Farnham, 2012: 135 - 147; SCULLY M A. Down for the Count: How Meritocratic Ideology Stigmatizes Quotas in the United States and Some Alternative Pathways to Equality ［M］//GROSCHL S, TAKAGI J. Diversity Quotas, Diversity Perspectives: The Case of Gender. Gower: Farnham, 2012: 159-171.
④ SIEGEL J, LYNN P, CHEON B Y. Multinational Firms, Labor Market Discrimination, and the Capture of Outsider's Advantage by Exploiting the Social Divide ［J］. Administrative Science Quarterly, 2019, 64 (2): 370-397.

经营成本，这种默认男性领导是标配的"集体失智"，实际上是整个社会价值的具体体现。李纪珍等[1]发表在《管理世界》上的一篇关于女性创业者合法性的文章，说明社会合法性对中国女性获取关键资源和市场接受度至关重要。在女性合法性构建过程中，需要认识到合法性是个多层次的概念，包括社会层面对女性合法性的共识以及女性个体的自我认知，而中国传统文化中"家庭—社会"角色的冲突会动态影响合法性的塑造。在中国，女性参与商业社会决策层问题还处在合法性构建阶段，如果此时能够自上而下推进有效制度，充分发挥女性领导力的应有价值，一定具有事半功倍的效果。总之，国家层面制度的效果受制于国家情境，如特殊制度、文化传统、国际化水平以及关键利益相关者价值取向等，包括社会、商业、国家、国际组织和个人等也都对制度的实施和落实产生重要影响[2]，但一项正式制度一旦被建立和采纳，它又将能通过"传染效应"向各层面扩散，增加其自身效果。[3]

现有文献对促进策略的影响结果研究也可概括为三类：一是对公司绩效的影响，多数文献以挪威数据为研究对象，但是实证数据并没有显示包括法定性别配额制度在内的多样化促进策略对公司业绩的显著影响。二是对女性群体的直接影响，比如，女性整体劳动参与率的提高，

---

[1] 李纪珍，周江华，谷海洁. 女性创业者合法性的构建与重塑过程研究[J]. 管理世界，2019，35（6）：142-160，195.

[2] SEIERSTAD C, WARNER S G, TORCHIA M, et al. Increasing the Number of Women on Boards: The Role of Actors and Processes [J]. Journal of Business Ethics, 2017, 141 (2): 289-315.

[3] MEIER P. Quotas, Quotas Everywhere: From Party Regulations to Gender Quotas for Corporate Management Boards [J]. Another case of contagion. Representation, 2013, 49 (4): 453-466.

但相关文献较少见。三是对公司行为的影响,比如,证券交易策略[①]、女性高层管理人员履职率[②]等。对公司行为影响研究的重要性在于公司作为多样化促进策略的直接行为方,其行为动因、行为方式、行为结果都对促进策略的有效性产生直接影响,作者认为此类文献中的两个典型视角可以作为未来的研究发展方向和该项目研究的基础。

第一,印象管理视角。企业引入女性参与决策层的行为很可能是为了应对外部压力(外部促进策略),从而对企业外部印象进行管理。克尼彭(Knippen)等[③]探讨了外部压力是如何促进女性进入决策层,并发现企业一般通过增补决策层席位,而非通过替换方式来引入女性领导者。当这种引入方式成为一种非正式企业制度,对引入女性的后期事业发展有显著负面影响——以增补形式进入的女性领导更容易被靶定为象征性领导,后期事业受到严重制约。张等[④]比较研究了不同外部压力(法律规章制度、外部审查和媒体监督、社会规范等)对企业行为的影响效果,对美国董事会出现的女性"双元象征"现象和多样化进程持续缓慢做出解释。这两篇高水平文章都说明了管理层多样化的外部促进策略已经开始引起学者关注。现有研究表明,非正式促进策略,包括媒

[①] HEIDENREICH V. Consequences of the Norwegian Gender Quota Regulation for Public Limited Company Boards [M] //MACHOLD M, HUSE K, HANSEN, et al. Getting Women on to Corporate Boards: A Snowball Starting in Norway. Cheltenham: Edward Elgar Publishing, 2013: 119-125.

[②] WANG M, KELAN E. The Gender Quota and Female Leadership: Effects of the Norwegian Gender Quota on Board Chairs and CEOs [J]. Journal of Business Ethics, 2013, 117 (3): 449-466.

[③] KNIPPEN J M, SHEN W, ZHU Q. Limited progress? The Effect of External Pressure for Board Gender Diversity on the Increase of Female Directors [J]. Strategic Management Journal, 2019, 40 (7): 1123-1150.

[④] CHANG E H, MILKMAN K L, CHUGH D, et al. Diversity Thresholds: How Social Norms, Visibility, and Scrutiny Relate to Group Composition [J]. Academy of Management Journal, 2019, 62 (1): 144-171.

体监督、社会规范软约束以及非正式规章制度等,虽具一定效果,但局限性明显。"上有政策,下有对策",企业总能找到制度空隙,打擦边球。比如,面对外部审查和媒体监督,企业仅满足最低审查要求,或是寻找同行平均标准,依据"法不责众"或者平均主义思想,采取相应措施进行企业外部印象管理。

第二,社会网络分析视角。科古特(Kogut)[①]创新性地将图论中的网络结构等价概念引入管理层性别多样化问题中,阐释了作为少数人的女性领导者是如何在社会网络结构中处于明显的劣势的。女性除了基于社会心理学理论社会行为互动微观机制中组别偏见的制约,客观存在的宏观网络结构位置也直接加重了她们的劣势,甚至让既有的男女比例严重失衡现状自我强化。也就是,由于在社会网络中处于优势结构位置,男性能够吸引更加优势的资源;或者增强了男—男联结的倾向,加重守门人效应,使女性组别逐渐边缘化。这说明数量上的劣势形成的自我加强效应,通过网络结构形成女性领导力难以突破的"玻璃天花板"。此视角正好与印象管理视角的研究结论相互呼应——社会网络结构固化正是外部非正式促进策略失效的根源。而突破这种结构固化的最直接方式就是正式的法定性别配额制度,并且配额门槛需要根据不同情境下的社会网络结构进行精确设定,这也是本研究的重要内容之一。

总之,各国由于国家基本制度、公司治理体系、传统文化背景不同,影响女性参与公司决策层的因素,以及有效打破女性"职业天花板"的策略和路径具有显著差异。总体来说,女性参与度的提升一般与国家层面的积极关注显著相关,如果一国推进强有力的管理层多样化

---

① KOGUT B, COLOMER J, BELINKY M. Structural Equality at the Top of the Corporation: Mandated Quotas for Women Directors [J]. Strategic Management Journal, 2014, 35 (6): 891-902.

推进措施，那么该国的女性参与度一般会显著增长。① 最新研究更表明，非正式外部促进策略局限性明显，而法定性别配额制度被普遍认为是能够提高女性参与经济的有效手段。

通过文献分析发现，国外研究和国内研究各具特色。国内研究大多关注女性参与企业决策层对企业业绩的影响，国外研究主题较丰富，对企业财务表现和社会责任方面的结果研究已趋于成熟，并从宏观、中观、微观多层次对管理层多样化决定因素进行研究，对引入女性领导力的促进策略也开始进行深入探索。目前研究存在的问题主要表现在三方面：第一，在研究层次上中观居多，也就是比较行业、企业、组织单位之间的特征关系与女性领导引入行为的研究较多，而微观和宏观层次的研究尚待充实和丰富；第二，对管理层性别多样化问题的前因和后果，特别是对女性领导力引入的阻碍机制，基本是通过两个路径实现的，一是高级管理团队与女性成员或候选人的社会行为互动，二是管理层之外的利益相关者对女性领导引入的认知以及反馈机制，尚少见将两方面结合在一个框架内研究，导致微观与宏观机制之间连接不紧密，缺乏多层次的研究文献；第三，关于促进策略的研究尚处于起步阶段，除了对挪威数据的广泛分析，还缺少对其他地域或其他发展阶段经济体的探讨和研究。这些问题都为本研究提供了良好的研究机会与拓展空间。

基于现有文献多层次研究以及促进策略尚显不足的现状，本研究将结合微观与宏观因素对女性参与企业决策层影响因素进行多层次研究。将以男性精英领导，也就是男性高管中拥有特别权威的男性领导，以自身垄断价值维持的负向动因为切入点，探讨在高管团队的选拔过程中，特殊群体的负向动因对女性参与决策层的微观阻碍作用；并结合关键利

---

① SOJO V E, WOOD R E, WOOD S A, et al. Reporting requirements, targets, and quotas for women in leadership [J]. The Leadership Quarterly, 2016, 27 (3): 519-536.

益相关者对女性领导力的认知反馈机制来探讨企业引入女性领导力的高管团队外部宏观因素影响。另外，将通过前瞻性视角，拓展社会网络结构性因素在性别多样化促进策略中的运用，将最新理论研究方向引入中国企业实践，同时也扩大在制度性研究上的地域广度。

第四节 研究贡献

一、理论贡献

在理论方面，本研究有如下贡献：第一，丰富性别多样化理论。本研究通过探讨企业高管团队的性别多样化阻碍机制和促进策略，丰富了性别多样化在企业管理中的理论基础。特别是通过社会行为视角和社会网络视角，进一步拓展了性别多样化的研究维度，揭示了微观和宏观机制。第二，深化社会认知理论。本研究利用社会认知理论，分析管理层与相关利益方的行为互动动机与认知、反馈机制，揭示了这些因素如何影响性别多样化。这将有助于深化社会认知理论在企业管理中的应用，特别是对性别多样化的认知和行为分析。第三，深化了高阶理论与最优特性理论的应用。通过使用高阶理论和最优特性理论，本研究对高管团队进行细分，打破了现有对高管团队的同质化假设。这一创新性视角为理解企业高管团队内部的复杂动态提供了新的理论工具。第四，提供了社会网络结构视角的新见解。研究从社会网络结构视角解释女性参与度低的原因，探讨习惯性选择行为对女性领导力的影响。这不仅丰富了社会网络理论的应用，也为理解性别多样化在企业中的具体表现提供了新的视角。

二、实践贡献

在商业实践方面，本研究有如下贡献：第一，提高企业绩效。研究表明，性别多样化可以显著提高企业绩效。本研究通过揭示性别多样化的阻碍机制和促进策略，为企业如何有效提高管理层性别多样化提供了具体指导，进而提升企业整体效能。第二，优化人力资源管理。通过分析企业高管团队性别多样化的影响因素，本研究为企业在招聘、培训和晋升等环节提供了针对性策略，帮助企业更好地吸引和留住高效女性人才，提高人力资源利用效率。第三，促进企业文化变革。研究强调了管理层和相关利益方的行为互动和认知对性别多样化的影响，这为企业文化建设提供了实践依据。企业可以通过改变内部文化和认知，促进性别多样化，营造更加包容的工作环境。第四，提供政策制定参考。本研究的发现对政府和监管机构制定相关政策提供了有力支持。通过揭示性别多样化的具体阻碍机制和有效外部干预策略，政府可以制定更加科学、有效的政策，推动企业性别多样化进程。第五，提升企业社会责任。研究表明，性别多样化不仅对企业绩效有益，还符合社会公平价值观。企业通过推动性别多样化，不仅提升自身治理水平，还可以增强企业的社会责任感和社会效益。

总之，本研究不仅在理论上对性别多样化的研究进行了拓展和深化，也在商业实践中为企业和政策制定者提供了具体的策略和工具，以推动性别多样化进程，提升企业效能和社会效益。

第二章

相关理论回顾

第一节 公司治理理论

公司治理是一个多学科交叉的概念，涉及经济学、金融学、管理学、心理学、社会学、法学等领域，其定义方式多种多样。施莱弗（Shleifer）和维什尼（Vishny）[①] 将公司治理描述为公司投资者确保和收集其投资回报的手段。同时，公司治理也指确保企业在法律和道德框架下有效运作的机制、政策和控制系统的总称。这一概念涉及权力与责任的分配，主要目的是调和企业内部各利益相关者之间的关系，确保企业在法律法规允许的范围内实现战略目标，并促进经济效率和公平。在现代企业系统中，公司治理成为提升企业透明度、责任和公信力的重要工具。

20世纪初以来，公司治理的理论和实践逐步发展，最初旨在解决公司内部的权力不均和管理不透明问题。随着企业规模的扩大和经济活

---

① SHLEIFER A, VISHNY. A Survey of Corporate Governance [J]. Journal of Finance, 1997, 52 (2): 737-783.

动全球化，公司治理的重要性日益凸显。20世纪70年代，随着资本市场的发展和股东权利意识的提高，代理理论成为研究公司治理的重要视角。代理理论关注股东和管理者之间的利益冲突，试图通过制定有效的治理结构来保护投资者的利益。

进入21世纪，公司治理的视野进一步扩展，利益相关者理论和社会责任理论开始受到重视。利益相关者理论强调，除了股东，员工、客户、供应商乃至社会公众等也是公司治理的重要对象。社会责任理论则提倡企业在追求经济利益的同时，也应考虑其对环境和社会的影响，倡导企业以更广泛的社会责任来指导治理实践。

随着信息技术的发展和全球金融危机后对治理机制的重新审视，公司治理的透明度和公正性已成为全球关注的焦点。国际组织如经济合作与发展组织（OECD）以及各国政府都在不断推动治理规范的国际一致性和标准化。

公司治理的理论框架从代理理论、激励理论、利益相关者理论到社会责任理论不断演化，涵盖了企业运作的各个方面。接下来的章节将逐一探讨这四个理论，阐明它们在现代公司治理中的具体应用和重要性。这些理论的深入分析有助于我们理解在不同经济和社会背景下，公司治理如何发挥关键作用，以及如何通过有效的治理结构促进企业的长远发展和社会责任的实现。

一、代理理论

代理理论是经济学和组织理论中的一项重要理论，主要研究在信息不对称和利益冲突的环境下，如何通过合同设计优化委托人（principal）和代理人（agent）之间的关系。这一理论最初由经济学家罗斯（Ross）和机构理论家米特尼克（Mitnick）于20世纪70年代初提出，用来解释和解决因代理人追求自身利益而导致的代理问题。代理理论的核心问题是如何处理委托人与代理人之间的利益冲突和信息不对称问题。这种结构常见于公司股东与管理层、律师与客户、政府与承包商等关系中。

代理理论的核心假设包括几个关键方面：首先，理论认为所有行动者均具有理性，他们将尽力追求自身利益的最大化。其次，在代理关系中存在信息不对称，代理人通常比委托人掌握更多企业运营信息，这可能导致代理人行为与委托人利益不一致。代理理论通过精心设计的合约，包括激励措施和监督机制，以确保代理人的行为符合委托人的目标。再次，理论考虑到代理人与委托人在风险承受能力和偏好上的差异，通过适当的激励机制来调整双方的风险分担。最后，代理理论通过关注制度设计有效控制代理人的行为，减少组织中的代理成本。

代理理论的起源可追溯到20世纪70年代初，当时经济学家开始关注公司内部结构和决策过程的复杂性。1973年，罗斯（Ross）首次系统地提出了代理问题的经济模型。1976年，詹森（Jensen）和梅克林（Meckling）在其开创性研究《企业理论：经理行为、代理成本与所有权结构》中进一步发展了这一理论，提出了"代理成本"的概念，包括监督成本、保障成本以及剩余损失。他们的工作不仅阐述了经理人和股东之间的冲突，也探讨了通过股权结构调节这种冲突的可能性。代理理论的发展经历了从经济学领域扩展到政治学、社会学等多个学科的过程，不断丰富和完善其理论框架。例如，在政治学和社会学领域，代理理论被用来分析政府与大学之间的关系，探讨如何通过制度安排改善教育质量和效率。

随着代理理论的发展，理论门派逐渐分化为两大流派：正式代理理论和委托代理理论。正式代理理论主要通过数学模型和工具深入分析代理关系中的最优契约设计问题，强调利用数学方法优化委托人与代理人之间的关系，特别是处理涉及风险共担和激励机制的复杂问题。这种方法倾向于抽象化的理论模型，其核心目的是通过严密的逻辑推理和数学建模，揭示代理关系中的基本经济机制和激励兼容性。相比之下，委托代理理论更加注重实际应用，特别是在公司治理、经理人激励机制以及其他组织结构中的应用。该流派研究如何在现实操作中设计合约和制度，以减少代理成本，实现委托人和代理人利益的一致最大化。委托代理理论着重于实际问题，如董事会结构、股权激励方案以及企业内部控制系统的设计，探讨这些因素如何影响代理成本和企业绩效。

尽管这两大流派在方法论和关注点上有所不同，但它们共同关注如何解决委托人和代理人之间由于信息不对称和利益不一致引发的问题。正式代理理论提供了理论上的解决方案，以数学的精确性处理契约设计问题，而委托代理理论则将这些理论应用到实际管理实践中，尤其在人力资源管理、公司治理等方面提出具体的管理建议和策略。

在现代经济学和管理学研究中，代理理论已被广泛应用于公司治理、财务会计、劳动经济学和公共管理等领域。代理理论的应用帮助学者们更好地理解企业内部决策过程中的复杂动态，尤其在全球化和市场环境日益复杂的今天，理解这些动态对优化企业结构和提高经济效率至关重要。近年来，随着信息技术的发展，代理理论也在逐渐适应数字化经济的新环境，探索数字化背景下的企业管理和组织行为问题。代理理论作为理解企业内部结构与行为的重要工具，通过分析信息不对称和冲突利益，为优化组织结构和经济行为提供了重要的理论支持。在全球化经济和数字化挑战下，代理理论不断演化，以应对更加复杂的代理问题。通过深入研究和应用这一理论，可以更有效地指导现代企业管理和经济政策的制定。

二、激励理论

激励理论的产生背景主要源于解决委托人与代理人之间的信息不对称和利益冲突问题。早在1976年，詹森和梅克林就通过代理理论阐述了合同关系中的信息不对称和利益冲突的激励问题。激励理论的研究起源于20世纪初，弗雷德里克·泰勒（Frederick Taylor）通过其科学管理理论（1911）首次提出，通过改进工作流程和实施公平的薪酬体系可以提升员工的生产力。紧随其后的是埃尔顿·梅奥（Elton Mayo）在1924—1932年间进行的霍桑实验，揭示了员工满意度与工作绩效之间的密切联系，强调了工作环境和人际关系的重要性。随着这些理论的发展，学者们开始更多地关注如何在不同的管理和组织环境中应用这些理论，特别是在公司治理和经理人激励机制方面。

激励理论是心理学和管理学中用来解释个体行为动机的一系列理论，它探讨了驱动人们朝向特定目标行动的内在和外在因素。激励理论尝试回答为什么人们在工作和日常生活中表现出不同程度的努力和承诺。它主要关注如何通过激励机制影响人的行为和决策，以实现个人和组织的目标。激励理论可以大致分为内容理论和过程理论两大类。

内容理论主要关注激励的具体内容，即什么因素驱使人们行动。这类理论试图识别和解释影响个体动机的特定需求和欲望，几种关键的理论模型如下。

亚伯拉罕·马斯洛（Abraham Maslow）的需求层次理论（1943）：马斯洛提出了一个从基本到高级的需求层次模型，认为人们的需求包括生理需求、安全需求、社会需求、尊重需求和自我实现需求。这个理论认为，只有当较低层次的需求得到满足后，个体才会寻求满足更高层次的需求。

赫兹伯格（Herzberg）的双因素理论（1959）：此理论区分了导致工作满意的激励因素和导致不满的卫生因素。激励因素，如成就感和认可直接影响工作满意度，而卫生因素，如工作条件和薪资主要影响不满意度，它们不足以创造真正的工作满意，但其缺失会导致不满。

麦克莱兰（McClelland）的成就动机理论（1961）：此理论认为成

就、权力和归属是驱动个体行为的三种核心需求,并强调这些需求是如何推动个体向目标努力的。

过程理论则关注激励发生的心理过程,即个体如何被激励,以及他们如何感知和评价自身的行为与结果之间的关系。重要的过程理论如下。

弗鲁姆(Vroom)的期望理论(1964):此理论强调个体行为是基于对结果的期望和这些结果的个人价值来确定的,指出个体会评估每种行为可能带来的结果以及吸引力,从而决定最可能带来最大收益的行为方向。

亚当斯(Adams)的公平理论(1965):此理论提出个体会将自己的投入产出比与他人进行比较,当感知到不公平时会采取行动以恢复平衡。

洛克(Locke)的目标设定理论(1968):指出明确和有挑战性的目标可以激励人们提高绩效,因为具有明确目标的任务提供了更高的动机。

通过这些理论,我们可以更好地理解和应用在不同环境下激发个体潜力的方法,无论是在组织管理还是个人成长中。此外,激励理论也广泛应用于组织管理和人力资源管理中,帮助设计有效的激励和奖励系统,以激发员工的积极性和创造力。在实际应用中,激励理论可以帮助管理者理解员工的需求和期望,从而更好地设计工作职责、晋升路径和薪酬结构,提高员工的工作满意度和组织的整体效率。

现在,激励理论被广泛应用于组织管理、教育、心理咨询和健康促进等多个领域。在组织管理中,合理的激励机制可以显著提高员工的工作满意度和生产效率;在教育领域,激励理论帮助设计了更有效的教学和学生激励策略;在心理咨询中,利用激励理论来支持客户的个人成长和心理健康。

激励理论的研究文献非常丰富，涵盖了从理论的初步构建到现代的实证研究。近年来，随着行为经济学的兴起，研究者们开始关注非理性因素如何影响激励机制的设计与执行。例如，丹·艾瑞里（Dan Ariely）的研究表明，非传统激励（如社会认同和游戏化元素）可以有效激发人们的行为。激励理论作为管理和心理学领域的重要工具，持续为理解和优化个体、组织行为提供理论支持。在全球化和技术迅速发展的当今世界，激励理论的研究和应用仍将是推动组织和个人实现更高成就的关键。

三、利益相关者理论

利益相关者理论由爱德华·弗里曼（Edward Freeman）于1984年在其著作《战略管理：利益相关者方法》（*Strategic Management：A Stakeholder Approach*）中首次系统地提出。这一理论标志着企业管理思想的一次重要转变，挑战了传统以股东价值最大化为中心的管理观念，提出企业成功的关键不仅在于满足股东的经济需求，更在于考虑和平衡所有利益相关者的利益和福祉。

在弗里曼提出利益相关者理论之前，主流的企业管理理念主要关注股东价值最大化。然而，20世纪70年代末至80年代初，随着社会责任和伦理问题的兴起，人们开始重新评估企业的角色和责任。弗里曼的理论提供了一个新的视角，强调企业应平衡各方面利益，确保企业决策考虑到所有利益相关者的需求和期望。公众对企业的社会责任有了更高的期待，环境保护、消费者权益保护和员工权益等问题逐渐成为企业不可忽视的部分。在这样的背景下，单纯追求股东利益的企业管理模式开始显现出局限性，因为它忽略了其他利益相关者的权益，可能导致社会和经济问题。

弗里曼的利益相关者理论提出，企业应当关注所有利益相关者的需求和期望，这包括任何能够影响或被企业活动影响的个体或集体。利益相关者不仅仅是股东和投资者，还包括员工、客户、供应商、社区以及政府等。理论强调，通过理解和满足这些群体的利益，企业能够建立起更为稳固的社会支持网络，从而实现可持续发展。这一理论倡导组织以更加包容和伦理性的方式来经营，重视与员工、客户、供应商、社区以及环境的关系。

尽管利益相关者理论提供了一种全面考虑各方利益的企业管理框架，但也面临一些批评。主要的批评点包括理论可能导致企业目标不够明确、决策过程复杂化，以及如何平衡不同利益相关者之间的利益冲突。对此，支持者和后续研究者提出，关键在于建立有效的沟通机制和决策过程，确保透明度和公平性，同时需要企业领导者具备高度的伦理标准和责任感。

1984年弗里曼提出利益相关者理论以来，该理论在学术界和实践领域得到了广泛研究和应用，尤其是在企业战略和伦理决策方面。随着时间的推移，众多学者对这一理论进行了扩展和深化，使其更加完善和实用。1995年，唐纳森（Donaldson）和普雷斯顿（Preston）对利益相关者理论进行了重要的理论扩展，提出了理论的三个关键维度：规范性、描述性和工具性。规范性维度关注理论的应用，强调企业应承认和尊重所有利益相关者的合法权益；描述性维度分析企业如何与利益相关者互动及其对企业策略和运作的影响；工具性维度探讨将利益相关者理论应用于实践中的效果，如何通过管理利益相关者关系来达成组织的具体目标。

进一步地，米切尔（Mitchell）、艾高（Agle）和伍德（Wood）在1997年的研究中，提出了一个利益相关者影响力的分类模型，帮助企业识别哪些利益相关者对企业具有较大的影响力，并应当被优先考虑。他们基于权力、合法性和紧急性三个标准评估利益相关者的重要性。根据这些标准，企业可以更有效地分配资源和注意力，以平衡和满足不同利益相关者的需求和期望。

近年来，随着全球化和可持续发展议题的日益重要，利益相关者理论逐渐被应用于环境、社会和治理（ESG）绩效的提升中。研究表明，通过与利益相关者进行有效沟通和合作，企业不仅能够提升其ESG表现，还能在市场中获得竞争优势。企业越来越认识到，通过投资可持续实践，不仅能满足利益相关者的期望，还能提升企业自身的价值和声誉。

现在，利益相关者理论被广泛应用于企业战略管理、企业社会责任（CSR）、伦理管理以及环境管理等领域。企业通过采纳这一理论，不仅可以改善与外部和内部利益相关者的关系，还能增强企业的社会责任感，提升品牌形象和市场竞争力。随着技术进步和社会责任要求的增加，企业越来越多地利用数字工具和平台与利益相关者互动，以增强透明度和参与度。这些发展不仅提高了企业的战略决策质量，也促进了社会整体的公平和可持续发展。

利益相关者理论通过重新定义企业与各方利益相关者的关系，强化了企业的社会责任和伦理标准。在当今日益复杂的全球商业环境中，这一理论为企业提供了一个框架，以确保其决策过程既考虑经济效益，也重视社会和环境影响，是企业可持续发展策略中不可或缺的一部分。

四、社会责任理论

社会责任理论在现代企业管理和道德哲学中占据了重要地位，这一理论强调组织不仅要追求经济利益，还应对社会和环境负责。该观点基于对企业影响社会的认识，强调企业行为对包括员工、消费者、社区和环境在内的所有利益相关者的广泛影响。社会责任理论认为，企业应当超越单纯的利润最大化目标，积极参与解决社会和环境问题。通过其运营对社会做出积极贡献，这被视为企业的道德义务，也是其长期成功的关键因素之一。

社会责任理论的概念在20世纪50年代逐渐形成，这一时期标志着企业界和学术界开始深入探讨企业在社会中的角色及其责任。在这个背景下，霍华德·鲍恩（Howard Bowen）于1960年发布了具有里程碑意义的著作——《社会责任的企业》，系统性地提出了企业社会责任（CSR）的概念。鲍恩认为，企业不仅应追求利润最大化，还应承担起改善社会福祉的责任。他提出，企业作为社会的一部分，应当在追求经济利益的同时，考虑其决策和活动对社区、员工、消费者和环境的长远影响。这一观点挑战了当时主流的经济理论，即企业的唯一责任是为股东创造最大价值。

从20世纪60年代起，社会责任理论开始得到广泛关注，并在随后的几十年中不断发展。20世纪70年代，尤其在石油危机和环境问题日益严重的背景下，公众对企业的社会和环境责任有了更高的期待。这一时期，许多企业开始实施社会责任计划，强调透明度和对利益相关者的责任。进入20世纪80年代和90年代，随着全球化的加速，企业的社会责任活动也从单一的捐赠或慈善活动扩展到包括环境保护、社会公正和企业治理在内的多方面。社会责任理论因此变得更加复杂和多元，涉及企业伦理、利益相关者理论和可持续发展等领域。

21世纪初，企业社会责任已经成为企业战略的核心部分，不仅被看作风险管理工具，还被视为创造竞争优势、增强品牌价值和吸引投资者的方式。全球许多国家和地区通过法律法规推动企业履行社会责任，同时，国际标准如ISO 26000等也为企业实施社会责任提供了指导。

社会责任理论在现代企业管理中占据了核心地位，具体可以分为几个不同的门派，每个门派从不同的角度解读企业的社会责任：

规范性社会责任理论：这一理论主张企业应承担道德责任，对社会做出积极贡献。支持者认为，企业不仅是经济实体，还应作为社会的一部分，促进公共利益和道德价值的实现。规范性理论强调道德原则和伦理行为是企业决策的基础，企业应主动承担改善社会福祉和保护环境的责任。

工具性社会责任理论：此理论视社会责任为实现商业目标的策略工具。按照这种观点，社会责任活动能够改善企业形象、增强消费者忠诚度，最终导致销售增长和利润提升。工具性门派认为，通过社会责任活动可以构建更好的品牌认知，在高度竞争的市场中为企业提供竞争优势。

系统性社会责任理论：这一理论探讨企业如何在其策略和操作中整合社会责任，使商业模式与社会目标相一致。它提倡企业在其核心业务中融入社会责任，以实现可持续发展和长远的社会影响。

这些社会责任理论的门派不仅在理论上互为补充，在实践中也为企业提供了多种执行社会责任的路径。企业通过环保措施、公益活动和道德供应链管理等 CSR 活动，不仅展示了对社会责任的承诺，也加强了其在全球市场中的竞争力。通过这些维度的努力，企业能够在增强经济表现的同时，对社会做出积极贡献。

多篇研究文献支持社会责任理论的有效性和必要性。例如，阿尔奇·卡罗尔（Archie Carroll）在 1979 年的研究中提出了 CSR 的四层次结构，包括经济责任、法律责任、伦理责任和慈善责任，这一模型已成为理解企业社会责任的基础。此外，波特（Porter）和克拉默（Kramer）在 2006 年的论文中提出了"共享价值"的概念，强调企业在追求经济利益的同时，也应当创造社会价值。

随着全球化和环境危机的加剧，社会责任理论在当代的重要性日益突出。当前的研究趋势包括探索企业如何通过创新的商业模式来同时实现商业成功和社会目标。学者和企业正在研究如何通过更高效的资源使用、更公平的劳工政策和更可持续的供应链管理来减少对环境的影响并促进社会福祉。

社会责任理论提供了一个理论框架，指导企业在全球经济中扮演更积极的角色。通过实践这一理论，企业不仅能够提升自身的道德标准和社会形象，还能在市场中获得竞争优势。未来，随着社会责任在消费者、投资者和法规中重要性的不断提升，企业将更多地依赖这一理论来指导其长期战略和日常操作。

第二节 资源依赖理论

资源依赖理论的发展背景源于 20 世纪 70 年代的组织理论和管理实践。当时，学者们越来越关注组织与环境之间的互动。资源依赖理论是由杰弗里·菲佛（Jeffrey Pfeffer）和杰拉尔德·萨兰基克（Gerald Salancik）于 1978 年在其著作《组织的外部控制：资源依赖性视角》（*The External Control of Organizations: A Resource Dependence Perspective*）中系统提出的，并成为理解组织行为和管理战略的重要框架。

资源依赖理论提供了一个解释，即组织通过管理对外部资源的依赖，以维持稳定性和提高效率。其核心观点是，组织为了生存和发展，必须有效获取和维护外部资源，这些资源的控制权对组织的战略选择和结构设计具有决定性影响。

资源依赖理论特别强调在资源稀缺和环境不确定条件下，资源的获取和控制是如何影响组织决策过程的。根据这一理论，组织不仅是资源的使用者，更是资源的寻求者。组织之间的相互作用，如合作、联盟、合并、收购，往往是为了减少对单一资源供应商的依赖，或是为了获取关键资源以增强市场竞争力。为了管理外部依赖并减少环境不确定性，组织可能采取多种策略。这些策略包括多元化策略——通过进入新的市场或开发新产品来分散资源风险；建立合作关系或战略联盟——共享资源并获取相互补充的优势；政治策略或游说活动——影响资源分配的规则和政策。这些策略帮助组织在复杂多变的环境中保持竞争力和稳定性。

资源依赖理论对理解组织行为和管理实践具有重要意义。它不仅阐明了资源控制如何塑造组织结构和战略，还指出了组织在资源获取过程中的主动性和策略性。通过应用这一理论，组织可以更好地识别关键资源，制定有效的管理策略，从而在不断变化的市场环境中获得发展和成功。

资源依赖理论广泛应用于战略管理、组织设计、合作与竞争策略、供应链管理等领域。它帮助组织识别关键资源供应者，制定有效的合作或竞争策略，优化组织结构以适应外部环境变化。自菲佛和萨兰基克的开创性工作起，大量研究文献继续探讨和扩展资源依赖理论。例如，奥利弗（Oliver）在1990年的研究中提出了组织如何通过策略性行为应对资源依赖的五种策略。赫尔曼（Hillman）和威瑟斯（Withers）在2012年的文献回顾中系统总结了资源依赖理论在组织管理和策略制定中的应用，进一步丰富了理论的内涵和外延。

随着全球化和信息技术的发展，资源依赖理论在新的商业环境中显示出更大的适用性。当前的研究趋势包括探讨资源依赖如何影响组织对技术创新的接受度、如何影响全球供应链的配置以及在数字化经济中的应用。越来越多的研究关注组织如何通过数字化工具和平台减少对单一资源的依赖，提高资源获取的效率和灵活性。

资源依赖理论为理解组织与外部环境的动态互动提供了有力的工具。在当今资源紧张和市场竞争激烈的背景下，这一理论不仅帮助组织制定战略、优化结构，还促进了对组织行为更深层次的理解。未来，随着组织环境的持续变化，资源依赖理论将继续在帮助组织适应和影响其操作环境中发挥关键作用。

第三节 社会网络理论

　　社会网络分析是一个跨学科的领域，它利用网络的概念来研究社会结构的复杂模式。在社会网络中，个体（或称为"节点"）通过各种类型的关系（或称为"边"）相互连接。这个分析框架帮助研究者理解信息、资源、影响力和权力在网络中的流动，以及这些流动如何影响个体和集体的行为。

　　社会网络的理论基础可以追溯到20世纪初，但直到20世纪50年代和60年代，随着计算技术的发展和数学模型的应用，社会网络分析才逐渐成形。社会学家、心理学家和数学家从不同的视角探讨网络的结构和功能，逐步形成了一系列的理论和方法。

　　社会网络理论在多个学科领域都有广泛应用，从传播学、市场营销到组织行为和公共健康等。例如，在公共健康领域，社会网络分析帮助研究者理解健康行为和疾病是如何在人群中传播的；在组织行为学中，网络理论用来分析决策过程和领导力的分布。随着社交媒体和大数据技术的兴起，社会网络分析的应用变得更加广泛和深入。研究者能够处理和分析大规模网络数据，揭示从人际互动到全球经济活动的复杂模式。同时，社会网络理论也不断得到新的文献支持，从而使得理论本身不断发展和完善。

　　在探讨资源依赖理论、强弱关系理论、结构洞理论、节点中心理论以及均衡理论之前，理解社会网络的基本概念和历史发展是至关重要的。这些理论为我们提供了不同的视角和工具，用以分析和解释社会网络的结构和动力学。在接下来的章节中，我们将详细讨论这些理论的核心观点、应用实例及其在现代社会中的相关性，从而更深入地理解社会网络在现代社会中的作用和影响。

一、强弱关系理论

强弱关系理论由美国社会学家马克·格兰诺维特（Mark Granovetter）在1973年提出，并在其论文《强的关系和弱的关系》中首次详细阐述。这一理论是社会网络分析领域的一个里程碑，揭示了社会关系的强度在个体社交网络中的不同作用和意义。根据格兰诺维特的理论，社会网络中的关系可以根据亲密程度、交互频率和情感强度分为强关系和弱关系。强关系通常存在于家庭成员、密友以及长期同事之间，特点是交往频繁、情感联系深厚。相反，弱关系则表现为偶尔联系的熟人或间接联系，如朋友的朋友，这种关系尽管联系不频繁，情感强度较低，却拥有扩展个人社交圈和获取新信息的独特价值。

据格兰诺维特的研究显示，尽管强关系提供了支持和安全感，但在寻找工作等情境中，弱关系往往更为重要。这是因为弱关系桥接了不同的社交圈子，使个体能够接触到更广泛的信息和资源。例如，寻求新工作的人通过弱关系获得的信息通常是他们的密切社交圈所不具备的，从而增加了发现新机会的可能性。此外，强弱关系理论也强调了网络多样性的重要性。一个拥有广泛弱关系网络的个体，能够在社会和职业上拥有更广的视野和机会。这种网络多样性在快速变化的现代社会中尤为重要，有助于个体在复杂多变的环境中快速适应和成功。

格兰诺维特提出强弱关系理论以来，这一理论已经被广泛应用于各种社会科学研究中，包括社会动力学、信息传播、组织行为以及市场营销等领域。它不仅增强了我们对社会网络结构和功能的理解，也为设计有效的沟通策略和促进社会融合提供了理论支持。这一理论证明，即便是那些表面上看起来不显著的弱关系，也可能隐藏着巨大的力量。

强弱关系理论的核心思想在于区分社会关系的"强度"。格兰诺维特将"强关系"定义为频繁交互、情感深厚、互惠性高的关系，通常存在于亲友之间。相对地，"弱关系"则指交往不频繁、情感联系较浅的关系，如熟人或偶尔联系的朋友。理论指出，尽管弱关系在情感支持和日常互动中的作用较小，但它们在信息传递和机会获取中发挥着关键作用，尤其是在跨越不同社会圈层的信息流动方面。

强弱关系理论主要在社会网络研究领域得到发展和应用，尤其是在社会资本理论中。该理论被广泛应用于多种学科，如社会学、心理学、经济学、管理学等，用以分析社会网络如何影响个体行为和决策。例如：

职业发展：在职业网络中，弱关系帮助个体获得职业信息和机会，促进职业发展。

信息传播：在信息科学领域，弱关系理论被用来解释新闻、创新以及流行文化如何通过社会网络快速传播。

公共卫生：在公共卫生领域，该理论用于分析如何通过社会网络进行有效的健康信息传播和疾病预防。

1973年以来，强弱关系理论受到了广泛关注并得到了大量实证研究的支持。例如，伯特（Burt）在1992年的研究中进一步探讨了社会网络中的"结构洞"概念，即弱关系可以帮助个体联结社会网络中不同的群体，从而获取非冗余信息的优势。

随着数字技术的发展，尤其是社交媒体的普及，强弱关系理论的应用范围进一步扩大。研究者们利用大数据分析方法，研究在线社交网络中的人际互动模式和信息流动。例如，社交媒体平台上的弱关系如何影响信息的迅速传播和广泛传播已成为热点话题。

强弱关系理论不仅增进了我们对社会网络结构的理解，还深刻影响了我们对信息流动、社会资本以及社会结构的认识。在信息时代，理解这些关系的本质和作用比以往任何时候都更加重要。随着科技的发展和社会的变迁，这一理论将继续为理解复杂的人际网络和社会动态提供重要的视角和工具。

二、结构洞理论

结构洞理论是社会网络分析中的一个重要理论，由社会学家罗纳德·伯特（Ronald Burt）在1992年的著作——《结构性漏洞：竞争的社会结构》（*Structural Holes：The Social Structure of Competition*）中首次详细阐述。该理论探讨了社会网络中的非冗余联系，即结构洞，以及这些联系对个人或组织在获取和控制信息以及资源流动方面的影响。伯特的理论指出，社会网络中的结构洞是指那些没有直接联系的社会集团之间的空白区域。控制这些结构洞的个体，因其能够联结不同的群体并充当信息和资源的中介，因此可以获得显著的竞争优势。这些个体由于处于多个独立社会圈层的交界处，可以访问更广泛和多样化的信息，这在决策和创新过程中尤为重要。

结构洞理论建立在社会资本的概念上，进一步推进了社会网络分析在理解社会关系动力学中的应用。这一理论与马克·格兰诺维特的"弱关系"理论形成了有趣的对比。格兰诺维特的理论强调了弱关系在促进信息流动中的作用，伯特的理论则进一步强调了控制网络中这些关键节点（结构洞）的个体如何通过这种结构优势影响社会和经济活动。通过这种方式，结构洞理论为理解网络中的权力和资源控制提供了一个新的视角。

结构洞理论提出，在社会网络中，某些节点（个人或组织）之间没有直接联系，形成了所谓的"结构洞"。位于这些结构洞关键位置的个体有机会利用信息差,有控制资源流通的能力,获取了竞争优势。这些个体被称为"经纪人",他们通过桥接不同的社会群体,能够创造价值并增强自身的影响力。

结构洞理论深刻影响了我们对社会网络中个体和组织行为的理解,特别是从社会资本视角和网络优势视角两个不同的理论门派进行探讨:

社会资本视角:在这个视角下,结构洞被视为一种特殊形式的社会资本,可以带来显著的信息优势和控制权优势。通过桥接网络中的空白区域,个体或组织可以联结原本没有联系的社会群体,从而获取独特的资源和信息。这种能力使他们能够在竞争中占据有利位置,利用信息差异进行策略操作,提高决策质量和创新能力。此外,控制结构洞的个体因能够访问多元化的信息和资源而获得更大的谈判力和影响力。

网络优势视角:从战略网络理论的角度来看,结构洞为个体提供了操作的杠杆,尤其是在资源交换和信息流动中。个体或组织通过占据网络中的关键结构洞位置,能有效地控制信息流和资源路径,从而在网络中获得战略优势。这种优势不仅限于获取和传递信息,还包括能够影响网络中其他成员的行为和决策。因此,结构洞不仅是资源获取的渠道,也是影响力和权力的源泉。

结构洞理论在多个领域中得到应用,包括组织行为、市场营销、创新管理、战略决策等。在组织内部,理解结构洞可以帮助识别关键的组织成员,他们通过网络位置获得信息优势,促进创新和效率。在市场营销中,企业可以通过分析市场中的结构洞来确定潜在的市场机会和竞争优势。

大量学术研究致力于测试和扩展结构洞理论的应用。例如,伯特本人在后续的研究中继续探索结构洞对个体职业成功的影响,证实那些能够有效管理结构洞的个体在职业晋升和创新能力上更为成功。此外,其他学者如阿胡加(Ahuja)在2000年的研究中探讨了结构洞在组织间网络中的作用,指出企业通过管理网络关系中的结构洞可以增强其创新输出。

随着社会网络分析工具的发展和大数据技术的应用,结构洞理论在当代的商业和管理研究中变得越来越重要。最新的研究开始关注如何利用数字化工具和算法来识别和优化网络中的结构洞,以及结构洞如何影响组织和个人在复杂和动态环境中的表现。此外,结构洞理论也被用来分析社交媒体网络中的影响力传播和意见领袖的形成。

结构洞理论提供了一个强大的框架,用于理解和利用社会网络中的关系动力学。通过识别和优化结构洞,个人和组织不仅可以提高信息获取效率,还可以在竞争中获得优势。随着网络分析方法的进步和应用领域的拓展,结构洞理论预计将在未来的社会科学和实际应用中继续展现其价值。

三、节点中心理论

节点中心理论是社会网络分析中的一个核心概念,它衡量和解释了网络中个别节点(个人或组织)的重要性和影响力。该理论通过不同的中心性指标来识别哪些节点在网络中占据核心地位,这些指标包括度中心性、接近中心性和中介中心性等。节点中心理论的概念最早可以追溯到20世纪40年代和50年代社会心理学和数学的研究。但是,该理论在20世纪60年代由林顿·弗里曼(Linton Freeman)等人研究得到系统化发展,他们提出了多种中心性的测量方法,并开始使用这些方法来分析社会网络的结构特征。

节点中心性理论是社会网络分析中的一个关键理论,它通过一系列定量指标来确定网络中各节点的相对重要性。这些指标帮助分析节点在社会网络结构中的作用和影响力,进而揭示网络的功能动态和影响流通的关键途径。节点中心性的主要类型包括度中心性、接近中心性和中介中心性，每种中心性指标都从不同角度评估节点的战略地位和作用。

度中心性（Degree Centrality）：度中心性是最直观的中心性度量，它根据与一个节点直接相连的其他节点的数量来评估。节点的度越高，说明它在网络中的活跃度越高，社会连接也越广。在实际应用中，具有高度中心性的节点通常是社交网络中的领袖或意见领袖，因为他们能够直接影响或接触到最多的其他节点。

接近中心性（Closeness Centrality）：接近中心性衡量的是一个节点与网络中所有其他节点之间的平均距离。如果一个节点的接近中心性较高，那么它可以更快地访问或被网络中的其他节点访问，反映了节点在网络中的快速可达性。这种中心性特别重要，因为它涉及信息或资源的传递效率，高接近中心性的节点可以作为快速散布信息的关键点。

中介中心性（Betweenness Centrality）：中介中心性通过计算一个节点的所有最短路径的比例来衡量该节点的中介作用。节点的中介中心性越高，说明它在网络中的控制作用越大，因为更多的信息或资源流需要通过该节点来进行中转。这种中心性对理解节点在网络中的控制力和桥接功能极为重要，尤其是在分散或多元化的网络结构中。

节点中心理论跨越了多个学科领域，包括社会学、心理学、计算机科学和经济学，理论的应用和研究方法也因此呈现多样性：从社会学视角，主要强调节点中心性在理解社会结构和群体动力学中的作用；从计算机科学视角，主要侧重于算法的开发，用以高效计算大规模网络中节点的中心性。节点中心理论在许多领域都有广泛的应用，如社会网络分析、传染病模型、交通流量分析、互联网技术和市场营销策略等。在社会网络分析中，节点中心性帮助研究者识别关键的社交媒体影响者或意见领袖；在市场营销中，企业可以通过分析目标市场中的中心节点来优化广告投放和促销活动。

20世纪中叶以来，许多学者对节点中心性理论进行了深入研究。林顿·弗里曼的经典文献——《社会网络中的中心性概念阐释》(*Centrality in Social Networks Conceptual Clarification*) 是该领域的基石之作，系统定义了中心性的各种度量方式。近年来，研究者如乌兹（Uzzi）和斯皮罗（Spiro）探索了节点中心性如何影响信息传播和团队创新。随着网络科学的发展和计算能力的提升，节点中心理论在理解复杂网络系统中的应用越来越广泛。当前的研究不仅关注传统的社会网络，还扩展到了在线社交网络、生物网络和技术网络等新领域。此外，研究者们也在探索如何将机器学习算法与节点中心性理论结合，以提高网络分析的效率和精确度。

节点中心理论为分析和理解复杂网络中的关键节点提供了强有力的工具。通过这些分析，研究者和实践者可以更好地揭示网络结构中的重要特征和动态变化，从而在各种应用领域做出更加明智的决策。随着技术的进步和数据可获取性的提高，节点中心性理论的应用将继续扩展，为网络科学的发展提供新的动力和视角。

四、均衡理论

均衡理论的历史可追溯至 18 世纪末，但其最具影响力的发展始于 19 世纪，由经济学家利昂·瓦尔拉斯（Léon Walras）和阿尔弗雷德·马歇尔（Alfred Marshall）等人提出。瓦尔拉斯在其 1874 年的著作——《经济和数量之纯粹理论》中介绍了一般均衡理论，通过数学模型描述了一个在经济系统中所有市场同时达到均衡的状态。马歇尔则通过偏重需求和供给的分析，强调了价格和数量调整的动态过程。

均衡理论（Equilibrium Theory）是经济学中描述市场或经济系统中力量平衡状态的理论。它试图解释在特定条件下，如何通过市场机制达到供需平衡，从而实现资源的最优配置。均衡理论广泛应用于微观经济学和宏观经济学，帮助经济学家理解和预测经济变量的变化趋势。均衡理论的核心概念是市场均衡，即在给定价格下，商品的供给量等于需求量，此时市场上没有剩余的供给或未满足的需求，价格稳定在一个点，这个点称为均衡价格。该理念基于价格机制，认为价格变动是平衡供需关系的主要方式。

均衡理论基于几个核心假设：首先，假设人们倾向于在其关系中保持心理均衡状态，尤其是在感受到正面情感的情况下，他们会发展出相互一致、和谐的态度。其次，理论强调认知一致性的必要性，指出个体将努力保持其信念、态度和感知之间的一致性，以减少认知不一致所带来的心理不适。再次，理论特别关注三元组关系，即个体自身，另一个人和某一事物或人之间的关系，这种关系的情感配置影响着个体的心理平衡。例如，如果一个人喜欢另一个人，并且知道对方喜欢某件事物，那么为了维持心理一致性，他也可能倾向于喜欢那件事物。最后，理论假设个体有强烈的动机去恢复任何不平衡状态下的心理平衡，可能通过改变自己的态度、感知甚至重新评估相关的人或事物来实现。通过这些假设，均衡理论为理解和预测人际关系中态度的变化提供了框架，解释了人们在关系中寻求和维持心理和谐与一致性的原因和方式。

均衡理论在经济学中是一项核心理论，主要分为两大门派：一般均衡理论和局部均衡理论。这两种理论提供了不同的视角和方法来研究市场和经济体的均衡状态。

一般均衡理论：探讨整个经济中所有市场之间的相互作用和依赖关系，试图解释和预测多个市场如何同时达到均衡状态，考虑商品和服务、价格、供给与需求之间的综合影响。一般均衡理论帮助我们理解经济政策变化对整体经济的可能影响，以及不同市场间如何通过价格机制相互调节和影响。

局部均衡理论：更专注于单一市场或一组特定市场的均衡状态，关注特定变量（如价格、政策改变、技术创新等）如何影响特定市场的供需关系。局部均衡理论常用于分析具体市场如何响应外部冲击，如需求增减、供给变动、政策调整等，为市场特定问题提供更细致的分析和解答。

均衡理论在经济学中有广泛的应用，特别是在分析价格机制、税收政策、福利经济学和国际贸易等方面。此外，它也被用于环境经济学中，用以评估资源的有效利用和环保政策的经济影响。均衡理论的文献基础坚实，涵盖了从理论建构到实际应用的广泛研究。瓦尔拉斯和马歇尔的著作构成了早期的理论基础。20世纪中叶，肯尼斯·阿罗（Kenneth Arrow）和杰拉德·德布鲁（Gerard Debreu）的研究通过《存在性的证明》进一步丰富了一般均衡理论，提供了均衡存在的数学证明。随着计算技术的发展，均衡理论的研究方法越来越多地依赖于计算经济学和数值模拟。这些方法允许研究者模拟复杂经济系统的均衡过程，更好地理解政策变动对经济的影响。此外，行为经济学的兴起对传统均衡理论提出了挑战，强调现实中人们的决策行为可能偏离理性预期，从而影响市场均衡。

均衡理论作为经济学中的核心理论之一，不仅帮助经济学家解释和预测市场行为，还为政策制定提供了理论依据。尽管在现代经济学中出现了新的理论挑战和方法发展，但均衡理论仍然是理解经济现象不可或缺的工具。随着研究的深入，这一理论将继续演化，以适应更加复杂的经济环境和政策需求。

第四节　性别多样化理论

性别多样化理论探讨性别在社会结构中的角色、影响以及由此产生的各种社会动态。这些理论试图解释性别如何影响个体的行为、职业发展及其在组织中的地位，并寻找促进性别平等和多样性的策略。性别多样化不仅关注女性在传统男性领域中的角色，也关注男性在传统女性领域中面临的挑战，以及非二元性别人群在社会各领域中的表现和接纳。

性别多样化理论的发展始于20世纪中叶的性别研究，当时学者们开始系统地探讨性别如何塑造个体的社会经验和机会。随着女性主义和平等权利运动的兴起，性别理论逐渐扩展到工作场所和组织结构的研究中。20世纪末至21世纪初，随着全球化和多元文化主义的发展，性别多样化理论更加关注跨文化环境中的性别问题，探讨如何在全球范围内实现性别平等。

性别多样化理论跨越了社会学、心理学、经济学等多个学科，形成了不同的理论门派。例如，社会认知理论关注个体如何通过社会互动学习性别角色；同质性理论探讨人们与性别相同的他人建立联系的倾向；身份一致性理论和女王蜂理论则直接应用于组织行为和管理领域，分析性别如何影响职场结构和领导行为。

随着时间的推移，大量研究和实证研究为这些理论提供了支持，也引发了关于如何在实际政策和组织实践中应用这些理论的广泛讨论。性别多样化的议题已被广泛应用于人力资源管理、教育政策、公共卫生策略和国际发展项目中，以期打破性别障碍，提高性别平等。

在接下来的章节中，我们将详细探讨社会认知理论、同质性理论、身份一致性理论和女王蜂理论。这些理论为我们提供了理解和分析性别多样性问题的丰富框架，帮助我们评估现代社会中性别角色的演变及其对个体和组织的影响。通过深入研究这些理论，读者将能够更全面地理解性别多样化的复杂性，并探索实现更广泛的性别平等和包容性的策略。

一、社会认知理论

社会认知理论是心理学中的一个重要理论框架，由著名心理学家阿尔伯特·班杜拉（Albert Bandura）在20世纪70年代发展而来。该理论提出，人的认知、环境和行为通过动态的相互作用过程共同塑造个体的学习和行为模式。班杜拉特别强调观察学习或模仿他人行为的重要性，并引入自我效能的概念，即个体对自身能力完成某任务的信念。社会认知理论的起源可以追溯到班杜拉在斯坦福大学进行的一系列开创性实验，其中最著名的是1961年的"鲍勃娃娃"实验。在这个实验中，班杜拉发现，儿童仅通过观察成年模特对充气玩偶的攻击，就会模仿这种行为。这一发现挑战了当时主流的行为主义理论，后者认为行为主要通过强化而非模仿学习得来。

班杜拉的研究标志着他从传统的行为主义向认知取向的转变。1977年，他正式提出社会学习理论，该理论后来发展为更全面的社会认知理论。社会认知理论强调三种主要因素之间的交互作用：个体的认知过程（如注意、记忆和推理）、行为（个体的实际行动）以及环境因素（外部社会环境）。这三者相互影响，共同决定了学习的发生和行为的形成。此外，自我效能成为社会认知理论中的核心概念。班杜拉认为，个体的自我效能感影响其学习新行为的动机和持久性。具有高自我效能的个体更有可能面对挑战、克服困难并成功完成任务。

随着时间的推移，社会认知理论不仅在心理学领域得到了广泛应用，还深刻影响了教育、社会工作、传播学以及健康促进等多个领域。班杜拉的理论提供了一个理解和预测人类行为的强大工具，特别是在解释复杂社会行为和变化过程中的心理机制方面。

社会认知理论认为，个体的行为不仅受到内在动机的驱动，也受到外部环境的影响。关键的理论概念包括观察学习，即个体可以通过观察他人的行为及其后果来学习新的行为模式；自我调节，即个体通过自我观察、自我评价和自我反应来调节自己的行为；自我效能，即个体相信自己有能力执行和影响事件的信念程度，这影响他们的目标设定、动力和情绪反应。

社会认知理论属于认知行为主义的一部分，该门派强调认知过程在行为形成中的作用。班杜拉理论的独特之处在于它结合了认知、行为和环境因素的相互作用，而不是单独强调其中任何一个。社会认知理论在多个领域有着广泛的应用。在教育领域，教师可以设计课程来增强学生的自我效能感，通过角色模型来提升学生的学习和行为。在健康心理学中，该理论被用来解释健康行为的改变，如戒烟和减肥，通过增强个体的自我效能来促进健康行为的采纳。在媒体影响研究中，该理论用来分析媒体和广告中的角色模型如何影响人们的行为和态度。社会认知理论的关键文献包括班杜拉的《社会学习理论》（1977）和《社会基础的自我认知》（1986）。这些作品不仅阐述了理论的基本原理，还提供了丰富的实验支持。此外，大量后续研究，如帕哈雷斯[1]（Pajares）关于自我效能在学术成就中作用的研究，进一步验证和扩展了这一理论。

近年来，社会认知理论在解释数字时代的人类行为中变得尤为重要。研究人员正在探讨社交网络中观察学习的动态，以及网络环境中自我效能感的形成。随着虚拟现实和增强现实技术的发展，社会认知理论的应用前景更加广泛，涉及从虚拟教育到数字健康干预的多个新领域。社会认知理论是理解和应用人类学习和行为动力学的强大工具。通过揭示观察学习的力量和自我效能的中心角色，这一理论不仅深化了我们对个体行为的理解，还指导了实际应用，帮助人们在教育、健康和社会互

---

[1] PAJARES F. Self-efficacy beliefs in academic settings [J]. Review of Educational Research, 1996, 66 (4): 543-578.

动中取得更好的成果。随着技术的发展，社会认知理论将在全球范围内继续影响新的研究和实践领域。

二、同质性理论

同质性理论的概念最早可以追溯到 20 世纪 50 年代初期的研究。保罗·拉扎斯菲尔德（Paul Lazarsfeld）和罗伯特·默顿（Robert Merton）在 1954 年的论文中首次系统地描述了同质性原理，指出社会结构和个人选择共同推动了这一现象。从那时起，该理论被广泛应用于社会学、心理学、经济学和网络科学等领域，以解释个体在各种社会环境中的行为和偏好。

同质性理论是社会科学中一个重要的理论，描述了个体倾向于与自己相似的其他人建立联系的现象。这种相似性可能基于多种属性，如年龄、性别、种族、教育水平、社会地位以及信仰。同质性理论在解释社会网络中群体形成，信息流通以及文化、行为模式的传播中扮演着关键角色。同质性理论的核心观点是相似性导致联系（Similarity leads to connection）。这种相似性不仅限于外在属性，还包括内在的价值观和态度。人们倾向于和那些在重要属性上与自己相似的人交往，这种倾向导致了社会网络中的聚类现象，即社交圈内成员间的高度相似性。同质性理论是一个跨学科的理论框架，涵盖社会心理学、社会网络分析和社会学等领域。这一理论主要探讨个体和群体倾向与相似他人形成联系的现象，以及这种倾向如何影响社会结构和行为模式。

在社会心理学中，同质性理论研究个体在社交选择中对相似他人的偏好。这种偏好不仅基于外在特征，如年龄、种族或经济地位，还包括价值观、信念和兴趣等内在因素。社会网络分析则关注这种偏好如何导致网络中形成明显的聚类模式，即人们倾向于与相似的其他人建立联系，形成紧密的社交圈子。在社会学领域，同质性理论进一步探讨这种社交倾向如何影响社会结构和群体动态，例如，在增强群体内的凝聚力的同时也可能加剧群体间的隔阂。

同质性理论在实际应用中显示出其广泛的影响力。在市场营销领域，企业利用消费者在偏好和行为上的同质性来设计更加精准的营销策略，以吸引特定的消费者群体。在城市和区域规划中，了解社区内部的同质性对规划者来说至关重要，因为这有助于他们设计更符合居民需求的居住和休闲空间。在公共政策和治理方面，认识到不同社会群体之间的同质性和差异性对于制定公平有效的政策具有重要意义，尤其是在涉及教育、健康和住房等关键社会资源的分配上。

关于同质性理论的关键文献包括拉扎斯菲尔德和默顿的早期工作，以及麦克弗森（McPherson）、史密斯（Smith）和库克（Cook）在2001年的文章《鸟类羽毛相似聚集：同质性在社会网络中的作用》，该文扩展了同质性概念的应用，并用大量实证数据支持了理论的有效性。此外，网络科学领域的研究，如瓦茨（Watts）和斯特罗加茨（Strogatz）的小世界模型，也为理解网络中的同质性提供了新的视角。

随着信息技术的发展，同质性理论在数字化社交网络的研究中越来越受到关注。研究人员利用大数据分析工具研究在线社交媒体如脸书（Facebook）和推特（Twitter）上的同质性现象，探讨信息如何在具有高度同质性的群体中传播。此外，该理论也被用来分析和解释在线社区中的极端行为，如极端主义的传播。

同质性理论为理解个体在复杂社会结构中的交互行为提供了一个强有力的框架。该理论不仅加深了我们对社会动态的理解，还对市场营销、公共政策制定和社交网络设计等领域的实践产生了深远影响。随着社会科学方法论的进步和跨学科研究的增加，同质性理论预计将继续在全球范围内影响新的研究和应用领域。

三、身份一致性理论

身份一致性理论的发展可以追溯到20世纪中叶，当时研究者如埃里克·埃里克森（Erik Erikson）和詹姆斯·马西亚（James Marcia）对个体身份的形成和危机进行了系统的研究。在20世纪70年代，社会心理学家谢尔顿·史崔克（Sheldon Stryker）和彼得·伯克（Peter Burke）进一步发展了这一理论，他们的研究集中在身份的社会结构方面，强调角色承诺和身份验证过程在个体行为和社会互动中的作用。身份一致性理论是心理学用于解释个体如何在不同社会角色和情境中保持其自我认知连贯性和一致性的理论。这一理论认为，人们倾向于在其行为、信念、情感以及社会表达中维持一个一致的自我形象，以促进心理稳定和社会功能的正常运作。

身份一致性理论强调个体在社会环境中的不同角色和身份之间如何通过心理机制和行为策略维持一致性。每个人都有一个内在的自我形象，该形象是由个体对自身的认识和在社会中扮演的各种角色构成的。当外部环境的要求或他人的期望与个体的自我形象不一致时，会引发身份不一致的心理压力。这种压力可能导致个体感到困惑、焦虑、紧张。为了解决这种不一致，个体可能会采取行为或认知的调整，例如，改变行为以符合外部期望，或者重新解释和评价原有的自我概念，以恢复内在的和谐和平衡。身份一致性理论揭示了个体如何努力保持其身份的稳定性和连续性，同时也反映了个体在社会互动中的动态适应过程。

身份一致性理论在多个实际应用领域中展现了其重要性和效用，尤其在心理健康、教育、组织行为和社会工作等方面。在心理健康领域，该理论用于理解和治疗与身份危机、自我认同问题相关的心理适应障碍，帮助个体解决自我形象与现实之间的冲突，从而改善心理状态和生活质量；在教育领域，身份一致性理论指导教育工作者支持青少年在成长过程中形成稳定和积极的自我认同，通过课程设计和辅导活动促进学生的个人发展和社会适应；在组织行为领域，该理论被用来分析和指导企业如何通过建立积极的企业文化和开展团队建设活动，促进员工的身份一致性，增强组织承诺，从而提高工作满意度和团队效率。

身份一致性理论的重要文献包括埃里克森的《青年期的身份：身份危机与心理社会发展》（1968）和史崔克的《符号互动主义视角下的身份理论》（1980）。这些作品为理解身份一致性的心理和社会动力学提供了理论基础和实证研究支持。近年来，随着社会多元化和数字化的发展，身份一致性理论在研究人类行为和社会互动的复杂性中变得更加重要。研究人员正在探讨在网络社交平台和虚拟环境中身份一致性的新问题和挑战。此外，身份一致性理论也被应用于多文化环境中，研究如何在全球化背景下维持跨文化身份的一致性与和谐。

身份一致性理论为理解和应用个体如何在复杂多变的社会环境中维护其身份的一致性和完整性提供了强有力的理论支持。通过深入探讨这一理论，可以帮助我们更好地理解身份形成的心理社会机制，以及在现代社会中面临的新兴问题和挑战。随着研究的进一步深入，这一理论将继续在心理健康、教育实践和社会政策制定等领域发挥重要作用。

四、女王蜂理论

女王蜂理论起源于职场动态的背景，尤其是在男性主导的环境中。该理论在20世纪70年代晚期由社会学家G. L. 斯泰恩斯（G. L. Staines）、T. E. 贾亚拉特纳（T. E. Jayaratne）和C. 塔佛瑞斯（C. Tavris）首次提出，用以解释女性在职场中为何难以获得支持和提升，特别是来自同为女性的上级。女王蜂理论描述了一种现象，即高层职位的女性在职场中对其他女性表现出不支持甚至敌对的行为。这一理论解释了一些成功女性为了保持自己在男性主导的职场中的稀缺位置，可能不支持其他女性的职业发展。它突出了女性不仅要面对普遍的职场偏见和结构性障碍，还可能要面对来自其他处于领导地位女性的挑战。此理论激发了对职场性别动态的广泛讨论，促进了人们对阻碍女性走向领导岗位障碍的更深层理解。

对女王蜂现象的研究，扩展了对性别刻板印象和偏见是如何影响专业设置中的行为和决策复杂方式的理解。它强调了支持性网络和导师计划在培养包容的职场中的重要性，这样的职场可以让所有性别的个体都能够发展，而无须采取对自己或其他性别成员具有竞争性或排他性的策略。女王蜂理论结合了性别研究和组织行为学的元素，与女性主义心理学和社会心理学领域的研究交叉。这一理论强调了社会结构和个人行为之间的相互作用，尤其是在探讨性别不平等和权力动态时。女王蜂理论在职场性别研究中非常重要，特别是在探讨女性领导力和性别歧视方面。企业和组织可以使用这一理论来分析和改进其性别多样性和包容性政策，以确保女性不仅能够获得提升，还能得到来自所有级别的支持。

尽管女王蜂理论在学术和实际应用中具有争议，但多项研究支持其存在。例如，一项由亚利桑那州立大学（Arizona State University）的研究显示，在某些组织文化中，女性领导者确实表现出对晋升女性不利的行为模式。此外，埃勒默斯（Ellemers）、范登·海维尔（Vanden Heuvel）、德·吉尔德（De Gilder）等[1]的研究也提供了进一步的证据，显示女性在职场中可能采取策略来保持其稀缺的高级职位。近年来，随着对职场性别平等关注的增加，女王蜂理论的相关研究也更加深入。研究者们开始探讨如何通过组织文化的改变领导培训和制定更为公平的晋升政策来减少女王蜂现象。此外，社交媒体和数字化工具的兴起为研究女

---

[1] ELLEMERS N, VAN DEN HEUVEL H, DE GILDER D, et al. The underrepresentation of women in science: Differential commitment or the queen bee syndrome [J]. The British Journal of Social Psychology, 2004, 43 (3): 315-338.

性如何在网络空间中展现领导风格提供了新的平台和数据。

  女王蜂理论揭示了职场中一个复杂但重要的现象，挑战了关于性别平等和多样性的传统假设。尽管这一理论有时可能被视为女性领导者的负面标签，但它也强调了在组织中建立更加支持和包容环境的必要性，以帮助所有员工，无论性别，都能实现其职业潜力。随着对女性职场经历理解的不断深入，这一理论将继续引导重要的学术讨论和组织实践。

第三章

男性与女性在企业决策层中的差异

全球机构投资者服务公司（Institutional Shareholder Service）数据显示，2016年全球女性在董事会中比例达到16.9%。在美国富时罗素3000指数（FTSE Russell 3000）公司中，28%的董事会席位由女性占据。在英国富时罗素100指数成分股公司中，虽然在董事会中女性比例也达到28%，但只有19.4%的高管委员会成员为女性。在德国最大的200家公司中，超过80%的非执行董事和超过90%的执行董事是男性，而女性的比例分别为19.7%和6.3%。① 在中国，目前拥有女性董事或高管的上市公司约占全部A股上市公司的67.2%，近六成A股上市公司中有女性担任非独立董事，女性担任执行董事的公司接近四分之一。②

讨论女性参与企业决策层问题的基础，是要明确参与决策层的女性有何特征，她们与非决策层女性和决策层中的男性有什么差异，这些差异通过什么机制影响女性引入决策。本章通过对决策层中男性与女性的人口统计特征、人力资本、社会资本、价值、特质等要素的分析比较，

---

① HOLST E, KIRSCH A. Corporate Boards of Large Companies: More Momentum Needed for Gender Parity [J]. DIW Economic Bulletin, 2016, 6 (3): 13-25.

② 曾萍，邬绮虹. 女性参与高管团队对企业绩效的影响：回顾与展望 [J]. 经济管理, 2012, 34 (1): 190-199.

认为合法性可作为载体，借此联通性别差异与企业影响之间的逻辑链条。

第一节 人力资本与社会资本的差异

女性领导者，尤其是那些在决策层担任高级管理职位的女性，被认为是一个特殊的群体。除了性别差异，她们在知识、技能、能力、经验、态度、价值观、人格特点和行为方式等方面也与男性领导者有显著不同。早期研究仅简单描述女性在董事会和各董事委员会中的任职情况[1]，而近年来的研究则包括更多维度，如人口统计特征、人力资本和社会资本等。在现有文献中用于度量这些差异的变量包括年龄、婚姻/子女状况、教育程度、社会背景、职业路径、公司所有权关系以及董事地位（如任期，执行/非执行）、委员会成员、董事人数、职能背景等。

从中观层面来看，理性经济学观点认为，董事会成员的任命是为了增强董事会在公司中的两个主要角色的能力：治理（监督和董事会独立性）和通过董事会所需的人力和社会资本提供资源。从这个角度来看，董事的任命是为了加强董事会的监督和独立性。[2] 当董事拥有公司所需的经验（人力资本）以及允许公司接触广泛资源的社会资本时，他们也可能获得董事会任命。[3]

人力资本观点认为，不平等是个体能力差异的结果。高管们广泛应用这一论点来解释谁能登上美国公司的顶层——进入高层的人更聪明，

---

[1] CONYON M J, MALLIN C A. A Review of Compliance with Cadbury [J]. Journal of General Management, 1997, 22 (3): 24-37.

[2] ADAMS R B, FERREIRA D. Women in the Boardroom and Their Impact on Governance and Performance [J]. Journal of Financial Economics, 2009, 94 (2): 291-309.

[3] HILLMAN A J, SHROPSHIRE C, CANNELLA A A. Organizational Predictors of Women on Corporate Boards [J]. Academy of Management Journal, 2007, 50 (4): 941-952.

或受过更好的教育，或更有经验。人力资本指的是个人能力，而社会资本指的是机会。管理者为企业增加的一部分价值在于他或她协调他人的能力：在组织内部识别增加价值的机会，并将合适的人聚集在一起开发这些机会。知道由谁、何时以及如何进行协调，是管理者在公司内外关系网中所发挥的作用。某些网络形式被认为是社会资本，可以增强经理识别和开发机会的能力。拥有更多社会资本的管理者可以获得更高的人力资本回报，因为他们处于识别和开发更多回报机会的位置。

研究表明，女性通常是比男性更为勤奋的监督者。[1] 她们为董事会带来了独立性，并改善了董事会的治理能力。女性还能够为董事会带来独特的人力资本和社会资本，有利于董事会进行决策[2]，并使公司能够接触到更广泛的资源。[3] 然而，即使考虑到这些贡献，女性在董事会中的比例仍然非常不足。

虽然人力资本是成功的必要条件，但如果没有利用人力资本的机会，人力资本将毫无用处。社会资本可以从其来源和后果上与人力资本区分开来。[4] 社会资本是人与人之间创造的关系，而人力资本是个体的素质。创造社会资本的投资与创造人力资本的投资在根本上是不同的。[5] 就后果而言，社会资本是人力资本的语境补充。社会资本预测，

---

[1] HILLMAN A J, WITHERS M C, COLLINS B J. Resource Dependence Theory: A review [J]. Journal of Management, 2009, 35 (6): 1404-1427.

[2] POST C, BYRON K. Women on Boards and Firm Financial Performance: A Meta-Analysis [J]. Academy of Management Journal, 2015, 58 (5): 1546-1571.

[3] HILLMAN A J, DALZIEL T. Boards of Directors and Firm Performance: Integrating Agency and Resource Dependence Perspectives [J]. The Academy of Management Review, 2003, 28 (3): 383-396.

[4] COLEMAN, JAMES S. Foundations of Social Theory [M]. Cambridge: Harvard University Press, 1990: 300-301; BURT R S. Structural holes [M]. Cambridge: Harvard University Press, 1992: 8, 13.

[5] COLEMAN J S. Social Capital in the Creation of Human Capital [J]. American Journal of Sociology, 1988, 94: 95-120.

智力、教育和资历的回报在某种程度上取决于一个人在市场或等级制度的社会结构中的位置。

某些人与某些人有联系，信任某些人，有义务支持某些人，依赖于与某些人的交换，资产被锁定在次优交换中。个人如何在这些交易的结构中定位，本身就是一种资产。这种资产就是社会资本，本质上是一个关于差异化市场的区位效应的故事。结构洞理论将社会资本定义为在社会结构中不相关的人之间充当中间人的信息和控制优势。结构洞是一个介于人与人之间信息流动的机会，并控制将洞对面的人聚集在一起的形式。

高管的人际网络提供获取信息的途径，远远超出了他或她独自处理的范围。这些信息的早期获取对高管根据这些信息采取行动是一个优势。这个网络在过滤经理收到的信息的同时，也指导、集中和合法化了其他人收到的关于高管的信息。引荐使高管的利益在正确的时间、正确的地点得到了积极的体现。

第二节　价值取向和特殊品质的差异

对女性领导的价值观和特质的认定，构成了女性影响决策结果的重要影响因素，因此进一步研究企业决策层中的价值观和特质的性别差异十分必要。目前这方面的研究很少，主要是因为此类数据可获得性较差。

一、领导力类型差异

女性领导者在伦理上更敏感，这一观点在心理学、伦理学和金融文献中得到了证实。① 然而，不同研究的发现存在一些差异，这取决于所考虑的具体问题、样本量、数据集、调查与二手数据的使用、所使用的实证方法以及所考虑的制度背景。

对伦理敏感性中性别差异的一种解释源于性别社会化理论。根据这个理论，男性和女性在童年时期学习了不同的性别角色、相关的价值观和关注点，这些形成了他们男性化和女性化的性格。因此，男性和女性在道德原则上表现出心理和认知上的差异。卡尔森（Carlson）②认为，男性受代理目标的引导，更注重个人成就的追求，而女性受共同目标的引导，更强调人际关系的发展。假设女性被如此社会化以体现公共价值，那么女性更有可能在困境中做出道德反应。③ 女性更有教养，不那么好斗，也不太可能对他人造成伤害。

威特（Weait）认为，在伦理观点方面，女性比男性更自由。他们还发现，在涉及披露的伦理问题上，她们比男性有更强烈的感受。④ 代理理论认为，公司董事会应该有一个适当的经验和能力的组合，以便他们成功地履行必要的监督职责。⑤ 与此相关，在会计文献中，布鲁克斯（Bruns）、莫森（Merchant）和科恩（Cohen）⑥ 表明，女性在做困境决

---

① BRUNS W J, MERCHANT K A. The Dangerous Morality of Managing Earnings [J]. Management Accounting, 1990, 71 (8): 22-25.
② CARLSON R. Understanding Women: Implications for Personality Theory and Research [J]. Journal of Social Issues, 1972, 28: 17-32.
③ MASON E S, MUDRACK P E. Gender and Ethical Orientation: A Test of Gender and Occupational Socialization Theories [J]. Journal of Business Ethics, 1996, 15 (6): 599-604.
④ ROXAS M L, Stoneback J Y. The Importance of Gender Across Cultures in Ethical Decision-making [J]. Journal of Business Ethics, 2004, 50 (2): 149-165.
⑤ HILLMAN A J, CANNELLA JR A A, HARRIS I C. Women and Racial Minorities in the Boardroom: How Do Directors Differ [J]. Journal of Management, 2002, 28 (6): 747-763.
⑥ COHEN L H, CIMBOLIC K, ARMELI S R, et al. Quantitative Assessment of Thriving [J]. Journal of Social Issues, 1998, 54: 323-335.

策时更能意识到伦理问题。

领导的社会角色理论认为女性领导者更有可能表现出对人们的关心，并关注他们的福利（"共情"），而男性领导者更有可能拥有加强竞争和等级制度的特征（"代理"）。埃格利（Eayly）和卡利（Carli）[1]提出的领导的社会角色理论认为，领导角色的性别刻板印象源于社会文化对男性和女性性别角色的定型。根据这些定型，人们普遍认为男性更适合具有领导力的角色，而女性更适合具有亲和力和支持性的角色。埃格利和卡利强调了男性和女性在领导角色中的性别差异。他们发现，男性领导更倾向于采取任务导向的领导风格，强调任务完成和目标实现，而女性领导更倾向于采取关系导向的领导风格，强调员工关系和团队合作。他们进一步指出，性别刻板印象会影响人们对领导者的评价和期望。在领导者的性别与其所展现的领导风格不符时，人们可能会对其表现持有偏见或怀疑，导致领导者面临额外的挑战和压力。最后，他们认为领导者应该根据情境的需要灵活调整自己的领导风格，而不应受到性别刻板印象的限制。这意味着男性领导者可以发展更多的关系导向的技能，而女性领导者可以发展更多的任务导向的技能，以提高其在领导中的适应性和效能。

总的来说，埃格利和卡利的领导的社会角色理论强调了社会文化对领导性别角色定型的影响，描述了男性和女性在领导中的性别差异，指出了性别刻板印象对领导者评价和期望的影响，并强调了领导者应该灵活适应不同情境的需要。

是否存在独特的"女性"领导风格？最近的一项分析整合了45项研究的结果，解决了这个问题。为了比较领导技能，研究人员采用了领

---

[1] EAGLY A H, CARLI L L. Through the Labyrinth：The Truth about How Women Become Leaders [M]. Boston：Harvard Business Press, 2007：94-103.

导力学者詹姆斯·麦格雷戈·伯恩斯（James MacGregor Burns）提出的一个框架，该框架区分了变革型领导和交易型领导。变革型领导者通过获得追随者的信任和信心来树立自己的榜样。他们陈述未来的目标，制订实现这些目标的计划，并进行创新，即使他们的组织总体上是成功的。这些领导者指导和授权追随者，鼓励他们充分发挥潜力，从而更有效地为他们的组织做出贡献。相比之下，交易型领导者建立的让步关系会吸引下属的自身利益。这样的领导者以传统的方式进行管理，明确下属的责任，在实现了目标时奖励他们，在未能实现目标时纠正他们。尽管变革型领导风格和交易型领导风格不同，但大多数领导者会同时采取这两种类型的一些行为。研究人员还区分出第三类，称为自由放任风格——一种不关心上述任何一项的非领导性，尽管有等级权威。分析发现，一般来说，女性领导者比男性领导者更具变革性，尤其在为下属提供支持和鼓励方面。与此同时，在涉及主动（及时）或被动（迟到）的纠正和纪律处分方面，男性在交易性领导方面超过了女性。男性也比女性更有可能成为自由放任的领导者，他们几乎不承担管理责任。这些发现加起来得出了一个惊人的结论，变革风格（以及与交易风格相关的奖励和积极激励）更适合领导现代组织。该研究告诉我们，男性和女性的领导风格确实不同，而且女性的方法更有效，而男性的方法通常只是有些有效或实际上阻碍了有效性。当女性在双重束缚中穿行时，她们会寻求投射权威的方法。一条可行的途径是让其他人参与决策，并作为鼓励型的老师和积极的榜样发挥领导作用。然而，如果没有足够多的其他女性来肯定参与式风格的合法性，女性领导者通常会遵循男性的、有时比较专制的风格。

二、风险偏好差异

在董事会中男性和女性都有多元化的好处，这种好处可能与通过扩大董事会的专业知识、经验和质量来减少欺诈的可能性有关。① 了解性别多元化的董事会在增强公司治理方面可以发挥什么作用是一个重要的问题，不仅对管理学者来说是如此，对企业高管、股东、监管机构和政策制定者来说也是如此。在董事会中，女性的存在明显不足。中国和澳大利亚是大多数国家的典型，平均10%的董事会由女性组成，而美国的平均比例为15%。②

根据心理学文献，女性比男性更少过度自信，更厌恶风险，也更保守，倾向于避免最坏结果并维护自身安全的策略。③ 根据金融文献，过度自信的投资者倾向于持有风险更高的投资组合④，男性比女性更偏好投资风险更高的投资组合。⑤ 根据创业文献，女性更关心与快节奏增长相关的风险，更有可能采用可测量的扩张速度。性别多样性会对信任产生显著影响⑥，并可能引发董事会成员之间的冲突。这种冲突，由于缺乏信任，很可能会增加对董事会成员的审查，从而减少公司腐败。此外，女性还为董事会提供多元化福利，特别是在专业知识、经验、创造

---

① VAN KNIPPENBERG D, DE DREU C K W, HOMAN A C. Work Group Diversity and Group Performance: An Integrative Model and Research Agenda [J]. Journal of Applied Psychology, 2004, 89 (6): 1008-1022.

② TERJESEN S, SEALY R, SINGH V. Women Directors On Corporate Boards: A Review and Research agenda [J]. Corporate Governance: An International Review, 2009, 17: 320-337.

③ POWELL M, ANSIC D. Gender Differences in Risk Behaviour in Financial Decision-Making: An Experimental Analysis [J]. Journal of Economic Psychology, 1997, 18 (6): 605-628.

④ ODEAN T. Are Investors Reluctant to Realize Their Losses [J]. The Journal of Finance, 1998, 53: 1775-1798.

⑤ AGNEW, JULIE R, LISA R, et al. Who Chooses Annuities? An Experimental Investigation of the Role of Gender, Framing, and Defaults [J]. American Economic Review, 2008, 98 (2): 418-422.

⑥ CHATTOPADHYAY P, GEORGE E, SHULMAN A D. The Asymmetrical Influence of Sex Dissimilarity in Distributive vs. Colocated Work Groups [J]. Organization Science, 2008, 19 (4): 497-668.

力和道德方面,从而降低欺诈的可能性和严重程度。

现有研究依赖于女性在决策层中行为特异于男性的假设,来论述其对公司决策和业绩的影响。比如,女性领导更会规避风险,更道德、勤奋、富有同情心和包容性,更倾向利益相关者,更具有长远眼光和更会回避冲突等,但这些论述均未被实证,仍停留在假设阶段。甚至还有研究发现女性董事比男性更喜欢冒险[1];或认为并未发现证据表明董事会性别会影响公司承担风险行为;或认为这些性别差异严重依赖文化背景因素,熊艾伦等[2]发现在性别平等程度较低的情境中,女性投资人并非体现出强烈的涉他偏好和竞争回避意识。虽然高阶理论[3]提供了一种将性别差异视作女性对组织行为产生影响的理论机制,但尚缺乏明确链条来连接性别差异与决策层构成以及对其产生影响,对因果联系的解释尚待完善。

第三节 合法性的差异

除女性个体特征之外,社会角色以及社会学因素、历史和文化因素等都会对女性参与企业决策层产生影响。合法性是参与决策层的关键要素,直接反映候选者所需要的市场接受度和被认定的核心资源。[4] 目前,企业决策层由男性化规范主导,女性除了需要适应男性化规范,还

---

[1] ADAMS R B, FUNK P. Beyond the Glass Ceiling: Does Gender Matter [J]. Management Science, 2012, 58 (2): 219-235.
[2] 熊艾伦,王子娟,张勇,等. 性别异质性与企业决策:文化视角下的对比研究 [J]. 管理世界, 2018, 34 (6): 127-139.
[3] HAMBRICK D C, MASON P A. Upper echelons: The Organization as A Reflection of Its Top Managers [J]. The Academy of Management Review, 1984, 9 (2): 193-206.
[4] 李纪珍,周江华,谷海洁. 女性创业者合法性的构建与重塑过程研究 [J]. 管理世界, 2019, 35 (6): 142-160, 195.

需应对社会对她们社会—家庭角色的传统偏见，以获取足够的合法性，参与企业决策层的合法性能帮助她们获取资源，从而抵抗来自外围因素的阻碍，帮助她们突破"玻璃天花板"。面对女性"合法性困境"，需要通过个人与群体行为共同作用，突破从无到有，构建从轻到重的影响力，而该过程中的女性领导在决策层中的合法性成为核心。

一、合法性概念

合法性源于社会学概念，是指在社会体系所构建的规范、价值、信念等框架下，组织或个人行为被相关利益人认可和接受的程度，如果其行为与相关社会价值规范和共识相一致，则被认为具有合法性，外部力量通过规范性和认知性对组织和个人产生影响。影响路径可分为制度视角和战略视角：制度视角强调外部制度力量对其合法性的影响，认为对环境压力的回应能影响合法性的获取；战略视角认为适应和改变制度环境、发挥能动作用构建合法性的过程是获取它的根本。

（一）制度视角合法性

制度视角强调外部制度对组织或个人合法性的影响。这里的制度可以包括法律、政府政策、行业规范、社会文化等各种规范性体系。在制度视角下，组织或个人的合法性主要是通过与外部制度的一致性来获得的。如果其行为与相关的社会价值规范和共识相符合，那么就会被认为具有合法性。组织或个人需要不断地适应外部制度的变化和要求，以确保其行为与制度规范保持一致，从而获得或维持合法性。

（二）战略视角合法性

战略视角认为，适应和改变制度环境是获取合法性的根本途径。它强调了组织或个人可以通过积极的策略行动来塑造和维护其在社会体系中的合法性。在这种视角下，组织或个人并不是被动地受制于外部制度，而是可以通过自身的战略选择来影响外部制度，从而获得更多的合法性。例如，组织可以通过公关活动、舆论引导、利益联盟等方式来塑造自身的形象，使其在社会上被认可和接受，从而获得更高的合法性。

综上所述，制度视角和战略视角提供了两种不同的理解方式，解释了合法性是如何在社会体系中产生和维持的。制度视角强调了外部制度对合法性的影响，而战略视角则强调了组织或个人可以通过自身的策略行动来塑造和维护其在社会体系中的合法性。

二、合法性与社会资本

女性通过合法性的提高，嵌入制度化规范体系中，向相关利益人发出可信和有价值的信号，通过相关利益人的行为反馈机制，进一步提高被认可和被接受度。合法性程度高的群体更容易获得各类资源的支持，这些资源又进一步促进女性群体的合法性。从实践来看，现存的"男性传统"和"性别偏见"通过影响女性合法性，使其难以向外传递合法性信号，导致其真实价值受到约束，加上女性领导身份由于传统社会角色冲突的特征，决定了其合法性构建的复杂性。学术界对女性领导如何获取合法性的系统性研究尚不够充分，基于此，将合法性构念作为决策层中男性领导与女性领导差异的重要载体，来解构阻碍女性领导力引入的关键要素。对嵌于社会系统中的女性领导力，合法性的获取成为她们与男性领导力之间的核心问题，也是造成其事业发展阻碍的根本。

通过"圈内人"和"圈外人"的概念，伯特（Burt）[1] 在对社会网络结构洞的研究基础上提出，"圈外人"想要进入圈内参与社会互动，关键在于借用社会资本，而不是建立社会资本。一个群体的合法成员可以通过建立自己的社会资本来获得成功，而不具有合法性或者合法性较

---

[1] BURT R S. The Gender of Social Capital [J]. Rationality Soc, 1998, 10 (1): 5-46.

低的成员则必须通过间接借用相关社会资本来获得成功。在伯特的分析中，基于美国一家领先的计算机和电子设备制造商的高级管理人员的概率样本，发现女性和年轻男性更容易被划分为非合法性群体。当这些年轻男性进入更高级的职位（比如，助理教授被提升到有终身任期的职位）时，他们才最终作为合法成员进行竞争；而女性在高级职位上仍然显示出合法性缺失。该研究从群体中的成员获得社会资本的网络机制入手，提出了一个更广泛的关于社会资本性别的问题，将社会资本作为一种网络现象，解释了结构洞的信息和控制效益。

除了人力和社会资本对合法性获取的调节作用，从宏观层面来说，社会网络结构也是影响合法性获取的重要途径。通过建立网络连接，实现对现有规范和价值观体系的结构嵌入，能均衡男性和女性的力量，促进利益相关人对女性领导身份的积极评价，从而提高接受度和认可度，推动女性构建合法性。决策层内部女性领导者与男性领导者之间的行为互动与外部环境的互动相互配合，共同促进合法性构建。

第四章

连锁视角下的女性精英与男性精英

在管理职位上,男女之间的差距仍然很大。现有证据表明,尽管近几十年来女性的教育水平有所提高,就业水平也有所提高,但她们在高层领导职位上的代表性仍然不足。① 在德国,德国经济研究所(DIW,Deutsches Institutfür Wirtschaftsforschung)自2006年起一直在监测企业董事会中女性的数量及其变化。他们最新的统计数据显示,在德国200家最大的公司中,女性占监事会成员的19.7%,仅占执行董事会成员的6.3%。②

研究人员和实践者都一致认为董事连锁网络对高层领导非常重要,这也鼓励了社会网络工具在领导力研究中的应用。③ 网络视角既被用于微观层面的研究,如人格视角,也被用于宏观层面的研究,如社会网络

---

① VIAL A C, NAPIER J L, BRESCOLL V L. A Bed of Thorns: Female Leaders and the Self-Reinforcing Cycle of Illegitimacy [J]. The Leadership Quarterly, 2016, 27: 400-414.

② HOLST E, KIRSCH A. Financial Sector: Share of Women on Corporate Boards Increases Slightly but Men Still Call the Shots [J]. DIW Economic Bulletin, 2016, 6: 27-38.

③ KIM J Y, HOWARD M, COX PAHNKE E, et al. Understanding Network Formation in Strategy Research: Exponential Random Graph Models [J]. Strategic Management Journal, 2016, 37: 22-44; STEVENSON W B, RADIN R F. The Minds of the Board of Directors: The Effects of Formal Position and Informal Networks Among Board Members On Influence and Decision Making [J]. Journal of Management & Governance, 2015, 19: 421-460.

背景的结构和演变。① 资源依赖理论和社会网络理论都表明，连锁网络——董事在多家公司董事会任职②——作为市场准入、信息、技术和其他资源向公司和个人传递的渠道，发挥着至关重要的作用。换句话说，个人意见、信任、互惠与合作可以通过连锁网络建立起来，连锁网络还提供有关参与者声誉和地位的信息等。③ 然而，基于个人属性（如性别）的社会网络研究还很有限。这些研究主要依赖于美国公司内部的数据。④ 与此同时，在组织网络研究中，关于个人（如性别）和组织（如规模）属性的讨论正在增加。⑤

第一节　不同的网络行为差异

鉴于性别比例的不平衡导致了女性的劣势地位，可以假设女性具有战略意识，并且意识到她们的网络行为可以在职业发展中发挥关键作

---

① POWELL W W, WHITE D R, KOPUT K W, et al. Network dynamics and field evolution: The growth of interorganizational collaboration in the life sciences [J]. American Journal of Sociology, 2005, 110: 1132-1205.

② BATTISTON S, CATANZARO M. Statistical properties of corporate board and director networks [J]. The European Physical Journal B-Condensed Matter and Complex Systems, 2004, 38: 345-352.

③ ROBINSON S, STUBBERUD H A. An analysis of informal social networks by [J]. International Journal of Entrepreneurship, 2010, 14: 1-12.

④ BRASS D. J. Men's and women's networks: A study of interaction patterns and influence in an organization [J]. Academy of Management Journal, 1985, 28: 327-343.

⑤ BRANDS R, MENGES J I, KILDUFF M. The Leader in Social Network Schema: Perceptions of Network Structure Affect Gendered Attributions of Charisma [J]. Organization Science, 2015, 26: 1210-1225.

用。① 因此，她们可能会通过与男性不同的行为来理性地应对网络中独特的社会约束。虽然我们知道女性和男性领导者之间的网络行为存在系统性差异②，但关于连锁网络的形成和动态差异的理论和证据是有限的。研究女性董事会成员连锁网络的结构特征十分重要，因为个人的网络构成模式反映了个人在网络中的动机和行为。③ 此外，劳动力市场条件变得更加有利于女性领导人，例如，包括德国在内的几个欧盟国家实行了法定性别配额制度，这很可能影响到女性的职业动机和由此产生的联结网络模式。最新的研究指出，组织中越来越多地采用多样性目标，为高潜力女性创造了女性溢价。④

连锁网络由共享董事的董事会组成，即在多个公司董事会任职的董事。代表同一董事会成员的连锁关系充当社会资本，提供获取新信息的途径，例如，公司战略或高层管理职位的空缺。⑤ 通常，连锁网络的关键问题是它们的形成和动态演化。⑥

作为主体，当我们调查公司层面的关系时，连锁网络中的行动者是公司；当我们调查个人层面的关系时，行动者是这些公司的董事会成

---

① IBARRA H. Homophily and Differential Returns: Sex Differences in Network Structure and Access in an Advertising Firm [J]. Administrative Science Quarterly, 1992, 37: 422-447.
② BURT R S. The Gender of Social capital [J]. Rationality and Society, 1998, 10: 5-46.
③ IBARRA H. Personal Networks of Women and Minorities in Management: A Conceptual Framework [J]. Academy of Management Review, 1993, 18: 56-87.
④ LESLIE L, MANCHESTER C, DAHM P C. Why and When Does the Gender Gap Reverse? Diversity Goals and the Pay Premium for High Potential Women [J]. Academy of Management Journal, 2017, 60: 402-432.
⑤ DAVIS G F. The Significance of Board Interlocks for Corporate Governance [J]. Corporate governance: an international review, 1996, 4: 154-159.
⑥ MIZRUCHI M S. What do interlocks do? An Analysis, Critique, and Assessment of Research on Interlocking Directories [J]. Annual Review of Sociology, 1996, 22: 271-298.

员。① 因此，两个组织通过共同的董事会成员联系在一起，相应地，两个人通过共同的组织隶属关系联系在一起。与其他类型的社会网络不同，连锁网络是建立在组织间联系的基础上的，这种联系不仅代表个人层面的属性，也代表公司层面的属性。现有的关于组织网络（连锁网络）的研究过去侧重于个体属性，如性别等。② 然而直到现在，研究人员还忽略了组织的属性以及个人和组织这两个层面的组合及其对连锁网络的影响。由于所涉及的复杂性，许多理论（从个人和组织的角度）试图解释连锁网络的前因后果。从资源依赖理论的角度来看，董事会成员从他们作为决策者的日常角色中获得合法性和权威。③ 董事会成员的集体人力资本和社会资本④以及他们的威望和声誉⑤为每个人提供了战略资源或将他们聚集在一起，而合法性和权威性则基于每个成员与外部组织的联系和关系。⑥

在以往的社会网络研究中，领导力中的性别失衡问题并非没有被注意到。在布拉斯（Brass）⑦ 的开创性著作中，他研究了一个性别平衡的群体，观察他们在领导力中的性别差异。他认为，尽管两性在互动网络

---

① BATTISTON S, BONABEAU E, WEISBUCH G. Decision Making Dynamics in Corporate Boards [J]. Physica A: Statistical Mechanics and its Applications, 2003, 322: 567–582.
② BRASS D J. Men's and Women'S Networks: A Study of Interaction Patterns and Influence in an Organization [J]. Academy of Management Journal, 1985, 28: 327–343.
③ DALTON D R, HITT M A, CERTO S T, et al. The Fundamental Agency Problem and Its Mitigation: Independence, Equity, and the Market for Corporate Control [J]. The Academy of Management Annals, 2007, 1: 1–64.
④ HAYNES K T, HILLMAN A. The Effect of Board Capital and CEO Power on Strategic Change [J]. Strategic Management Journal, 2010, 31: 1145–1163.
⑤ CERTO S T. Influencing Initial Public Offering Investors with Prestige: Signaling with Board Structures [J]. Academy of Management Review, 2003, 28: 432–446.
⑥ PFEFFER J. Size and Composition of Corporate Boards of Directors: The Organization and Its Environment [J]. Administrative Science Quarterly, 1972, 17: 218–228.
⑦ BRASS D J. Men's and Women'S Networks: A Study of Interaction Patterns and Influence in an Organization [J]. Academy of Management Journal, 1985, 28: 327–343.

中同等重要，但女性在与未来晋升相关的重要网络中的地位却非常轻微。在另一篇开创性的文章中，伊瓦拉（Ibarra）[①]认为网络机制可能会加剧组织中的性别不平等。具体来说，女性可能会因网络同质性而处于不利地位，而男性可能会青睐男性。[②] 伯特[③]调查了处于管理职位的女性的网络，并认为由于合法性问题，女性最好从更高级别的联系人（如强大的赞助商或导师）那里借用社会资本。

女性领导力在个人层面的分析通常是以人为中心的角度进行的，它认为网络模式中的性别差异是由个人属性造成的，例如，不同的技能和偏好。[④] 除了在微观层面分析个人理性，在宏观层面，由于个人互动所处的社会环境结构可能对妇女产生独特的限制，分析社会背景将为研究女性网络行为提供更全面的视角。网络结构一方面是个体行动积累的结果，另一方面反映了"有目的的行动，是对社会结构约束的理性反应"[⑤]。在这里，我们遵循与伊瓦拉类似的逻辑，认为个人策略是对所面临的社会约束的理性反应，因此它驱动和影响网络组成。

有证据表明，让妇女担任领导职务一方面可以减少风险战略的可能性，另一方面可以提高公司的声誉并增加公司的社会责任，因此，妇女

[①] IBARRA H. Homophily and Differential Returns: Sex Differences in Network Structure and Access in an Advertising firm [J]. Administrative Science Quarterly, 1992, 37: 422-447.

[②] BRANDS R, MENGES J I, KILDUFF M. The leader in social network schema: perceptions of network structure affect gendered attributions of charisma [J]. Organization Science, 2015, 26: 1210-1225.

[③] BURT R S. The gender of social capital [J]. Rationality and Society, 1998, 10: 5-46.

[④] ALDRICH H, REESE P R, DUBINI P. Women on the verge of a breakthrough: Networking among entrepreneurs in the United States and Italy [J]. Entrepreneurship & Regional Development, 1989, 1: 339-356.

[⑤] IBARRA H. Personal Networks of Women and Minorities in Management: A Conceptual Framework [J]. Academy of Management Review, 1993, 18: 56-87.

没有理由被逐出管理层。① 然而，女性在商业世界中仍然是少数，特别是在高层管理职位上。② 虽然公司中女性领导的人数在稳步增加，但在高层仍然存在持续的性别不平衡。鉴于女性的少数群体地位，她们与男性相比面临着独特的社会制约。

除了女性在结构上的可用性比男性低得多这一事实，她们在数量上的劣势地位所产生的主要后果是身份问题和合法性问题。③ 具体而言，由于性别原因，女性被认为能力不如男性。因此，基于个人的理性策略，性别不平等得到了加强。只有当我们考虑到各个管理者之间的互动时，这种情况才会出现。性别作为个人容易观察的属性，当管理能力的真实质量在大多数管理职位上不容易评估时，更有可能被视为合法性的代理。④

因此，女性，即使是那些在结构上与男性地位相当的女性，由于其合法性弱和身份问题，也面临着独特的社会压力。这些外部压力迫使她们使用不同的网络构建方法，以实现与男性相同的目标。⑤ 例如，一些女性通过疏远女性性别群体来对抗陈规定型观念，以避免识别问题

---

① POST C, BYRON K. Women on Boards and Firm Financial Performance: A Meta-Analysis [J]. Academy of Management Journal, 2015, 58: 1546-1571; LIU Y, WEI Z, XIE F. Do Women Directors Improve Firm Performance in China [J]. Journal of Corporate Finance, 2014, 28: 169-184.

② HOLST E, KIRSCH A. Financial Sector: Share of Women on Corporate Boards Increases Slightly but Men Still Call the Shots [J]. DIW Economic Bulletin, 2016, 6: 27-38.

③ HOLST E, KIRSCH A. Financial Sector: Share of Women on Corporate Boards Increases Slightly but Men Still Call the Shots [J]. DIW Economic Bulletin, 2016, 6: 27-38.

④ BERGER J, COHEN B P, ZELDITCH JR M. Status Characteristics and Social Interaction [J]. American Sociological Review, 1972, 37: 241-255.

⑤ WESTPHAL J D, MILTON L P. How Experience and Network Ties Affect the Influence of Demographic Minorities On Corporate Boards [J]. Administrative Science Quarterly, 2000, 45: 366-398.

（所谓的女王蜂现象）。① 网络理论家还认为，由于合法性问题，妇女通过与关系密切的联系人建立联系——而不是建立新的联系——来借用现有的社会资本，效率更高。② 因此，考虑到女性所面临的社会地位低下、合法性问题、对她们潜力的偏见以及她们难以从人力资本中获益③，我们预计女性的社交网络行为与男性不同。

高阶理论和社会认同理论都为同质性行为提供了心理学基础。④ 认同理论表明，个体通过其个人社会关系意识到自己的潜在选择。⑤ 同质性的概念表明，人们更喜欢与他们认为和自己相似的人交往。同质性可以提高沟通的便利性和行为的可预测性⑥，从而最终增加积极互惠行为，提高个人生产力。⑦ 此外，同亲关系在从面临类似阻碍的其他人那里获得支持方面起着至关重要的作用。⑧

社会心理基础的相似性不仅增加了对与自己相似的其他人的同情，也增加了对他们真正潜力的认识。大量证据表明，与女性的实际潜力相

---

① DERKS B, VAN LAAR C, ELLEMERS N. The Queen Bee Phenomenon: Why Women Leaders Distance Themselves from Junior Women [J]. The Leadership Quarterly, 2016, 7: 456-469.
② BURT R S. The Gender of Social Capital [J]. Rationality and Society, 1998, 10: 5-46.
③ MORRISON A M, VON GLINOW M A. Women and Minorities in Management [J]. American Psychologist, 1990, 45: 200-208.
④ HAMBRICK D C, MASON P A. Upper Echelons: The Organization as a Reflection of Its Top Managers [J]. Academy of Management Review, 1984, 9: 193-206.
⑤ TAJFEL H, TURNER J C. An Integrative Theory of Intergroup Conflict [M] //AUSTIN W G, WORCHEL S. The Social Psychology of Intergroup Relations. Monterey: Brooks/Cole, 1979: 33-47.
⑥ BRASS D J. Men's and Women's Networks: A Study of Interaction Patterns and Influence in an Organization [J]. Academy of Management Journal, 1985, 28: 327-343.
⑦ MEHRA A, KILDUFF M, BRASS D J. At the Margins: A Distinctiveness Approach to the Social Identity and Social Networks of Underrepresented Groups [J]. Academy of Management Journal, 1998, 41: 441-452
⑧ LINCOLN J R, MILLER J. Work and Friendship Ties in Organizations: A Comparative Analysis of Relation Networks [J]. Administrative Science Quarterly, 1979, 24: 181-199.

比由自我认知或公众看法所产生的陈规定型观念限制了女性的生产力。有时，由于这些偏见，女性的领导力表现和抱负会被彻底破坏。① 因此，与一群志同道合的人交往可能会增加人们认识到自己潜力的可能性。鉴于社会资本对边缘人比对中心人更为珍贵，因此，社会资本对边缘人来说更为重要。

在企业连锁网络中，同质性对网络的构成有着重要的影响。由于评估董事会成员个人的能力或绩效具有很大的难度和高度的不确定性，社会相似性更有可能被用作选择联系人的信号。② 具体来说，当管理任命要求董事会信任的成员为空缺的董事职位征集推荐人时，很可能会出现同亲推荐的情况。例如，对于女性特有的空缺职位，已经在公司董事会（或多个董事会）中占有一席之地的女性的推荐可能是有价值的、珍贵的，或者她可能会将其潜在的任命权转让给另一位女性，尤其是在适用配额制或预计即将适用配额制的情况下。

除了这些直接影响，网络理论还表明，女性董事会成员之间存在间接影响。③ 那些已经进入这个"富人俱乐部"的女性，往往拥有广泛的人脉。网络理论家指出，间接社会联系（A 通过 B 与 C 建立联系，而不是直接与 C 联系）能够通过与共同熟人的关系提高对另一个人的熟悉程度。④ 由于间接联系倾向于增加对他人的相似性感知，这也有助于减少刻板印象。正如韦斯特法尔（Westphal）和米尔顿所述，"通过第

---

① HOYT C L, MURPHY S E. Managing to Clear the Air: Stereotype Threat, Women, and Leadership [J]. The Leadership Quarterly, 2016, 27: 387-399.
② KANTER R M. Some Effects of Proportions on Group Life: Skewed Sex Ratios and Responses to Token Women [J]. American Journal of Sociology, 1977, 82: 965-990.
③ KILDUFF M, KRACKHARDT D. Bringing the Individual Back in: A Structural Analysis of the Internal Market for Reputation in Organizations [J]. Academy of Management Journal, 1994, 37: 87-108.
④ GRANOVETTER M. Economic Action and Social Structure: The Problem of Embeddedness [J]. American Journal of Sociology, 1985, 91: 481-510.

三方关系增强的相似性感知应有助于增加相互信任"①。如果一名女性选择与其他女性董事会成员建立联系,她就能通过这些广泛的人脉获取可能支持其职业发展的宝贵资源。同样,企业家通过咨询顾问与潜在客户和员工建立间接联系,可以提升对女性董事会成员能力的认可,从而间接增加她们的成功机会。

最后,作为一个少数群体,女性的行为会更加谨慎,并严格遵守规章制度。在社会网络中的少数群体地位可能会促使她们更加严格地遵守形式规定。与这一论点相一致的是,在中国市场上,女性董事会成员的存在被认为降低了欺诈的频率和严重程度②,尤其是在男性主导的行业中。鉴于德国实行的法定性别配额制,有女性成员的董事会更有可能意识到性别问题,遵守配额制,从而批准进一步吸纳女性的决定。因此,女性董事会成员可能会通过与其他女性董事会成员建立联系来理性地应对这种社会约束。

第二节 不同的社会网络特征

网络理论表明,与关系良好的董事的直接和间接联系使少数群体董事不容易受到刻板印象的影响,这些联系在社会整合和社会影响方面有利于少数群体。③ 在企业管理高层,女性董事作为一个新兴群体,正在

---

① LINCOLN J R, MILLER J. Work and Friendship Ties in Organizations: A Comparative Analysis of Relation Networks [J]. Administrative Science Quarterly, 1979, 24: 181-199.
② CUMMING D, LEUNG T Y, RUI O. Gender Diversity and Securities fraud [J]. Academy of Management Journal, 2015, 58: 1572-1593.
③ WESTPHAL J D, MILTON L P. How Experience and Network Ties Affect the Influence of Demographic Minorities on Corporate Boards [J]. Administrative Science Quarterly, 2000, 45: 366-398.

打破"老男孩俱乐部"的结构,建立新的体系与秩序。① 然而,女性领导和男性领导之间还没有形成竞争关系。女性需要与人脉广泛的董事建立联系,以提高合法性和参与高层管理。具体来说,并非只有资深男性能带来有价值的资源,任何拥有丰富社会资本的人都值得与之建立联系。这是因为拥有更多共同经历的人更有可能认同那些拥有多个董事会成员身份的人。② 因此,关系良好的联系人会迅速为他们的人脉网络建立声誉,这反过来又减少了这些外来者为融入人脉网络而面临的困难。③ 因此女性与关系良好的董事会成员建立联系很可能会减少对她的偏见与成见,从而促使她寻求与关系良好的联系人建立更多联系。

此外,感知在社会网络中起着重要作用,因为人们根据自己的感知来评估他人。④ 特别是在连锁网络中,个体由于共同的隶属关系而与他人联系在一起。每个人不仅代表他/她的个人特征,而且代表他/她所属的一整套群体/组织。⑤ 具体而言,董事会规模大的大公司(在德国,董事会规模与公司规模成正比)有望位于连锁网络的中心,因为该董事会与其他董事会建立联系的概率要高于小公司。因此,在大型董事会任职有望拥有更多直接和间接联系人的有效途径,而这些联系人本身就拥有丰富的社会资本。

---

① PERRAULT E. Why Does Board Gender Diversity Matter and How Do We Get There? The Role of Shareholder Activism in Deinstitutionalizing Old Boys' Networks [J]. Journal of Business Ethics, 2015, 128: 149-165.
② COLEMAN J S. Social Capital in the Creation of Human Capital [J]. American Journal of Sociology, 1988: 95-120.
③ MESSICK D M, MACKIE D M. Intergroup Relations [J]. Annual Review of Psychology, 1989, 40: 45-81.
④ KILDUFF M, KRACKHARDT D. Bringing the Individual Back in: A Structural Analysis of the Internal Market for Reputation in Organizations [J]. Academy of Management Journal, 1994, 37: 87-108.
⑤ ZAHEER A, SODA G. Network Evolution: The Origins of Structural holes [J]. Administrative Science Quarterly, 2009, 54: 1-31.

<<< 第四章 连锁视角下的女性精英与男性精英

　　除了有关合法性的论点，与关系良好的联系人建立联系甚至可以提高女性的地位。因为人脉广的女性拥有女性同事的机会更大，她们更有可能将女性董事的独特知识和视角视为重要资产，而不是威胁。① 因此，与男性相比，女性更有可能从关系良好的联系人那里获益。换句话说，就整体中心性指标而言，女性在网络中的嵌入程度比男性更为中心化。一方面，这一结果与伯特的开创性性别网络论文一致，证实了女性更擅长从其有权势的男性联系人处借用社会资本的观点。② 另一方面，这一结果似乎与社会预期相悖，社会预期认为由于女性数量较少，她们总是被边缘化地配置在社会网络中。女性仍在与社会刻板印象做斗争，但在管理层的性别平衡方面已有进展。特别是在德国，预期2016年强制性配额的实施以及欧盟委员会和其他实行性别配额的欧洲国家的隐性压力，在我们收集数据期间，就已经发生了女性被任命到大型董事会的现象。这些外部压力也可能增强女性的内在动机，并给她们一个理由来利用她们的网络增加与男性相比的权力。

　　格兰诺维特认为，新信息更有可能通过弱关系而不是强关系产生。伯特进一步发展了这一观点，引入了结构洞的构造，强调了在控制关键信息中两个独立群体之间的桥梁所拥有的力量。这样一个网络中的中介位置可以有利于职业发展，因为它有能力控制新信息。然而，由于前面讨论的身份和合法性问题，这种好处对多数群体如男性来说，更为明显，而对少数群体，如女性，则不那么重要。③ 然而，在连锁网络中，中介位置可能对男女群体有不同的影响。之前关于男性更能从中介位置

---

① WESTPHAL J D, MILTON L P. How Experience and Network Ties Affect the Influence of Demographic Minorities on Corporate boards [J]. Administrative Science Quarterly, 2000, 45: 366-398.
② BURT R S. The Gender of Social Capital [J]. Rationality and Society, 1998, 10: 5-46.
③ KILDUFF M, BRASS D J. Organizational Social Network Research: Core Ideas and Key Debates [J]. Academy of Management Annals, 2010, 4: 317-357.

获益的论点是基于性别认同的假设。作为一个少数群体，女性很可能因为性别而被多数群体（男性）视为外群体。因此，作为桥梁（跨越结构洞）的女性可能会因身份问题而受到影响，而男性则不会。① 如上所述，一个人的联系不仅代表了他自己的特征，也代表了他所属的整个群体/组织的特征；因此，单一的群体内/群体外的性别考虑不再适用。

具体来说，在连锁网络中，"中介中心性"（Betweenness）代表了一个个体在多大程度上专门为两家公司牵线搭桥。除了度中心性，中介中心性是与连锁网络相关的另一个重要结构性指标。在当前背景下，中介位置并不会使个人脱离其所属的关联关系；相反，它是董事会成员作为领导者的日常角色所积累的权威、声望和声誉的证明。② 特别是对女性董事会成员来说，中介位置可以缓解合法性问题，提高他人对其能力和胜任力的看法。我们预计拥有多个席位的女性董事会成员将比拥有多个席位的男性董事会成员更受欢迎。因此，这样的女性比男性在连锁网络中坚持的时间更长。换言之，拥有多个席位的女性的离职率应低于拥有多个席位的男性，多重任命的女性董事会成员在连锁网络中更稳定。

第三节 实证分析

一、数据与方法

作为第一步，我们在 2015 年 8 月 15 日建立了 2010—2015 年期间

---

① BURT R S. Structural Holes [M]. Cambridge：Harvard University Press，1992：127-130.
② DALTON D R，HITT M A，CERTO S T，et al. The Fundamental Agency Problem and Its Mitigation：Independence，Equity，and the Market for Corporate Control [J]. The Academy of Management Annals，2007，1：1-64.

所有DAX30（在法兰克福证券交易所交易的30只选定的德国蓝筹股的德国达克斯指数股票）公司的董事会成员数据库。在这里，我们不区分管理委员会和监事会。DAX30公司的董事会规模从14到31不等，平均为23.02，中位数为23。每家公司平均有四名女性董事；截至2015年年底，只有两家公司（Fresenius Med Care和Fresenius SE）仍然没有女性董事会成员。如图4-1所示，截至2015年年底，20家DAX30指数公司的董事会中已经有超过三名女性。

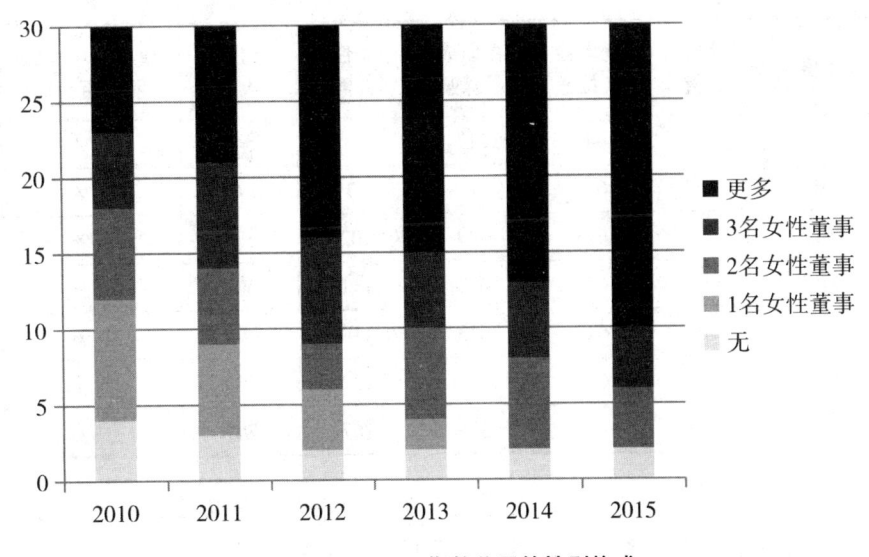

图4-1 DAX30指数公司的性别构成

注：女性董事会成员少于两名的公司数量逐渐减少，因此到2015年年底，30家公司中有20家公司的女性董事会成员超过三名。

为了用一个统一的识别号码对每个人进行长期跟踪，我们建立了一份完整的名单，列出了2010—2015年30家公司所有董事会成员的姓名。样本包括936人，其中女性167人，男性769人。女性成员占样本的18%（如表4-1所示）。每年，约有三分之二人至少在一家DAX30公司担任过一个董事会席位（以下简称"活跃"），每年活跃的个体数

81

量在613~639。到2015年，活跃女性的比例从11%稳步上升到21%。许多研究指出，有资格证明的女性比没有资格证明的女性更有可能被提升到董事会。① 然而，如果我们把博士头衔或教授职位作为管理资格的证明，我们会在样本中看到不同的模式。只有18%的女性拥有博士学位，而30%的男性拥有博士学位。然而，这两个性别群体在教授职位方面是相当的——每个群体中约有6%的董事会成员担任教授学术职位。

表4-1 DAX30董事会统计汇总

年份	公司数量	董事会席位数	在职成员数	女性人数	男性人数	董事会中女性所占百分比
2010	30	648	613	66	547	11%
2011	30	658	621	77	544	13%
2012	30	678	639	102	537	16%
2013	30	650	613	111	502	18%
2014	30	647	613	119	494	19%
2015	30	650	615	132	483	21%
总计			936	167	769	18%

注：现任董事会成员人数表示至少拥有一个董事会席位的人数。由于有多个董事会成员，董事会席位数大于现任成员数。

根据图论，设$G=(V,E)$为图，其中V是n个节点的集合，在这里对应于DAX30家公司董事会成员的集合；E是连接的集合，在这里对应于DAX30家公司董事会成员的集合。

---

① DING W W, MURRAY F, STUART T E. From Bench to Board: Gender Differences in University Scientists' Participation in Corporate Scientific Advisory Boards [J]. Academy of Management Journal, 2013, 56: 1443-1464.

<<< 第四章 连锁视角下的女性精英与男性精英

节点之间，$x_{ij} \in E$（$i \neq j$）称为 G 的一个连接，它映射了当前主体间的关系——只要 i 和 j 有连接，则 x_{ij} 等于 1；否则，x_{ij} 等于 0，i 和 j 被称为相邻节点。我们假设 G 是无定向的，即只要 $(i, j) \in E$，$x_{ij} = x_{ji}$，没有起于和止于同一节点的连接（自循环），以及两个节点之间的连接不得超过一个。图 4-2 以 2015 年 DAX30 指数公司的连锁网络为例，节点代表董事会成员，连接代表连锁关系。

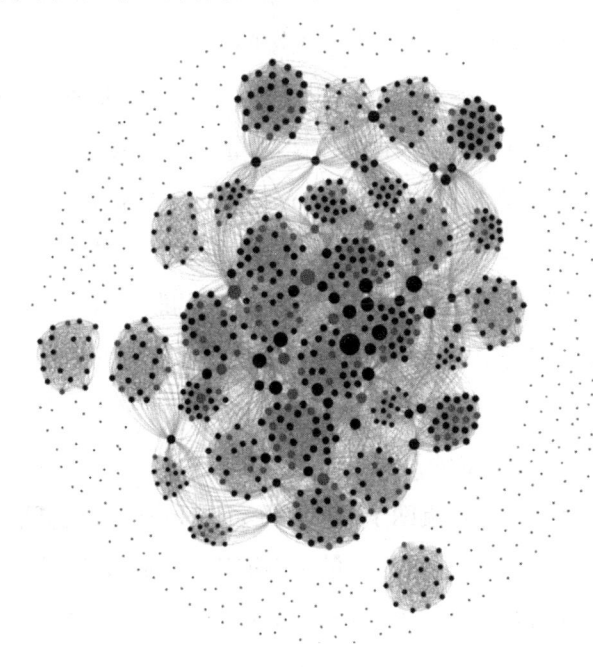

图 4-2　2015 年 DAX30 连锁网络

注：节点代表 DAX30 公司的董事会成员。灰色节点为女性，黑色节点为男性。节点的大小与每个节点与其他节点的联系数量成正比。

我们考虑了研究最多的组织网络中结构优势地位的测量方法，重点是中心度测量方法。我们还进行了自我网络分析，以评估个人直接联系人的构成，并分析整个网络的属性，如小世界效应和富人俱乐部效应。具体来说，我们使用以下指标来研究 DAX30 连锁网络。

1. 中心性测量

中心性是社会结构的基本属性,用于把握行为体的相对"权力"。结构位置可能会对行为体造成制约,也可能为行为体提供机会。如果行为体处于有利的结构位置,他们就会比其他人面临更少的限制,拥有更多的机会。处于有利地位的行为体在交换中可以从处于不利地位的行为体那里获得更好的议价优势,并对其产生更大的影响。中心性通常被解释为在网络中捕捉信息流并对他人产生影响的能力。这一概念也有助于研究社会网络中的性别效应。根据要捕捉的现象,有多种方法来衡量中心性。在此我们重点讨论两种中心性测量方法:度中心性(Degree Centrality)和博纳西奇权力中心(Bonacich Power Centrality)。

度中心性。这是最简单的测量方法,可以捕捉每个节点的连接度。从本质上讲,它计算的是单个节点与其他节点之间的联系数量。在我们的设定中,与其他董事有更多联系的董事将拥有更多机会,对另一位董事的依赖程度也会更低。他们可以从整个网络中获得更多资源,因为有用的信息可以通过多重联系传递。因此,更多的与其他董事的关系可能意味着他们能够跻身于公司高层管理精英圈子,更有机会被任命进其他董事会,而且任期更长。换句话说,拥有更多关系的董事被认为更有权势,因为他/她能接触到更多的信息和人,并有更大的能力影响他人。其衡量标准为:

$$c_i = \sum_{j=1}^{n} x_{ij}, \quad x_{ij} = \begin{cases} 1, & \text{如果 } i \text{ 和 } j \text{ 存在连接} \\ 0, & \text{否则不存在连接} \end{cases}$$

其中,x_{ij} 是 i 和 j 之间的联系。

博纳西奇权力中心。弗里曼[1]只考虑了直接连接。博纳西奇[2]修改

---

[1] FREEMAN, LINTON C. A Set of Measures of Centrality Based on Betweenness [J]. Sociometry 40, 1977, 1: 35-41.

[2] BONACICH P. Factoring and Weighting Approaches to Status Scores and Clique Identification [J]. Journal of Mathematical Sociology, 1972, 2: 113-120.

了最初的度中心性，将非定向连接也考虑在内。他认为，一个人的中心度不仅取决于他与他人的直接联系，还取决于这些直接邻居的联系。当一个人的邻居关系良好时，他的博纳西奇权力中心就高。在我们的设置中，如果一个董事不仅自己联系紧密，而且还与联系紧密的邻居有联系，那么他/她就被认为是强大的。我们都知道，"拍肩膀"现象在高层管理中并不罕见，通过直接或间接的推荐，都有可能在职业生涯中获得较高的职位。例如，一个好机会可能来自董事会会议上坐在同一张桌子周围的人，也可能来自与你的"邻居"或"邻居的邻居"（S 阶邻居）同桌的人。博纳西奇于1987年提出的衡量标准如下：

$$c_i(\alpha, \beta) = \sum_{j=1}^{n}(\alpha+\beta c_j)\ x_{ij}$$

其中，α 是一个常数，β 是每个节点的中心度 c_i 对其他节点中心度 c_j 的依赖程度，x_{ij} 是映射节点 i 和节点 j 之间联系的二进制变量。

2. 相似性测量

要研究个人层面的网络，最有用的分析工具之一就是自我网络分析，自我网络分析中的相似性测量除了关注网络的全貌，还可关注焦点个体的联系。取决于要研究的连接步骤的多少，有 k 步自我网络，$k \in$ [1, max（直径）]，其中直径是两个最远节点之间的最短距离。网络中的这一指标代表了网络的线性规模。我们可以比较每个性别组的自我（个人）网络的构成，以了解自我网络的构成是否存在系统性差异，即获得联系人的途径是否不同。[1]

3. 同质性测量

同质性指的是人们有可能与关键属性（如阶级、年龄、性别、种族、文化等）相同的人建立联系。对于 DAX30 连锁网络，下面的表格

---

[1] WASSERMAN S, FAUST K. Social Network Analysis: Methods and Applications [M]. New York: Cambridge University Press, 1994: 28-66.

和图表报告了几种同质性测量方法：女性联系人的数量和比例、布劳异质性指数（Blau's Hterogenity）[1] 以及克拉克哈德（Krackhard）和斯特恩（Stern）EI 指数。[2] 布劳异质性指数是 1 减去分类变量中各值比例的平方和。

个人网络测量：

布劳异质性指数 = 1 − [$P_m^2 + P_w^2$]

其中，P_m 和 P_w 分别为男性和女性的比例。例如，一个人在他/她的自我网络中与同等数量的男性和女性建立联系，其异质性度量为 0.5，计算公式为：

布劳异质性指数 = 1 − [$(0.5)^2 + (0.5)^2$] = 0.5

在克拉克哈德和斯特恩 EI 指数中，E 是与不同群体（外部）成员的联系数，I 是与同一群体（内部）成员的联系数，计算公式为：

$$EIindex = \frac{E-I}{E+I}$$

EI 指数在 −1（同亲）和 +1（异亲）之间变化，当 E = I 时为 0，这是最多样化的情况，内部和外部成员数量相同。

二、实证结果

（一）自我网络的性别构成

在网络构成中约 80% 的董事为男性，这为我们提供了关于这两个性别群体的见解。除了同质性论点，结构性观点还认为，一个人的接触范围会受到其网络性别构成的限制。虽然两组人的性别分布差异不大，

---

[1] BLAU P M. Inequality and Heterogeneity: A Primitive Theory of Social Structure [M]. New York: Free Press, 1977: 9.

[2] KRACKHARD T D, STERN R N. Informal Networks and Organizational Crises: An Experimental Simulation [J]. Social Psychology Quarterly, 1988, 51: 123−140.

但男性董事的网络构成更为均匀,这意味着他们比女性董事拥有更多的同性接触。我们的分析与之前的研究[①]一致,结果显示女性在其个人网络中与其他女性接触的比例高于男性。这一结果意味着,如果一个董事会有一名女性成员,与之相关的其他董事会也比那些没有女性成员的董事会更可能有女性成员。

随着DAX30连锁网络中女性数量的增加,布劳指数和EI指数都反映了自我网络构成的多元化趋势。从图4-3可以看出,女性历年在布劳指数中的数值比男性更接近于0.5(t值为-4.33,在0.01水平上显著),女性在EI指数中的数值历年比男性更接近于0(t值为4.20,在0.01水平上显著)。结合表4-2的统计数据,女性直接接触的比例以及布劳指数和EI指数证实了男女群体的系统性差异。这些结果都表明,女性董事会成员与男性相比,拥有女性网络联系人的比例更大。

表4-2 自我(个人网络)统计

年份	性别	女性人数	女性占比	异质性指数 平均值	异质性指数 标准值	EI 指数 平均值	EI 指数 标准值
2010	男	2.76	10%	0.17	0.10	-0.80	0.13
2010	女	2.69	10%	0.18	0.10	0.79	0.12
2011	男	3.20	12%	0.20	0.10	-0.76	0.13
2011	女	3.00	12%	0.20	0.09	0.77	0.12
2012	男	4.04	15%	0.24	0.10	-0.70	0.15
2012	女	3.94	16%	0.25	0.11	0.69	0.16

---

① BURT R S. The Gender of Social capital [J]. Rationality and Society,1998,10:5-46;BRASS D J. Men's and Women's Networks:A Study of Interaction Patterns and Influence in an Organization [J]. Academy of Management Journal,1985,28:327-343.

续表

年份	性别	女性人数	女性占比	异质性指数 平均值	异质性指数 标准值	EI 指数 平均值	EI 指数 标准值
2013	男	4.57	17%	0.27	0.11	-0.65	0.16
	女	4.59	18%	0.28	0.11	0.64	0.17
2014	男	4.90	19%	0.29	0.11	-0.62	0.18
	女	5.24	20%	0.30	0.10	0.60	0.17
2015	男	5.48	21%	0.31	0.12	-0.58	0.19
	女	5.76	22%	0.33	0.11	0.57	0.16
				t 值 = -4.33 p 值 = 0.00		t 值 = 4.20 p 值 = 0.01	

注：两个指数的 t 检验均有统计学意义。

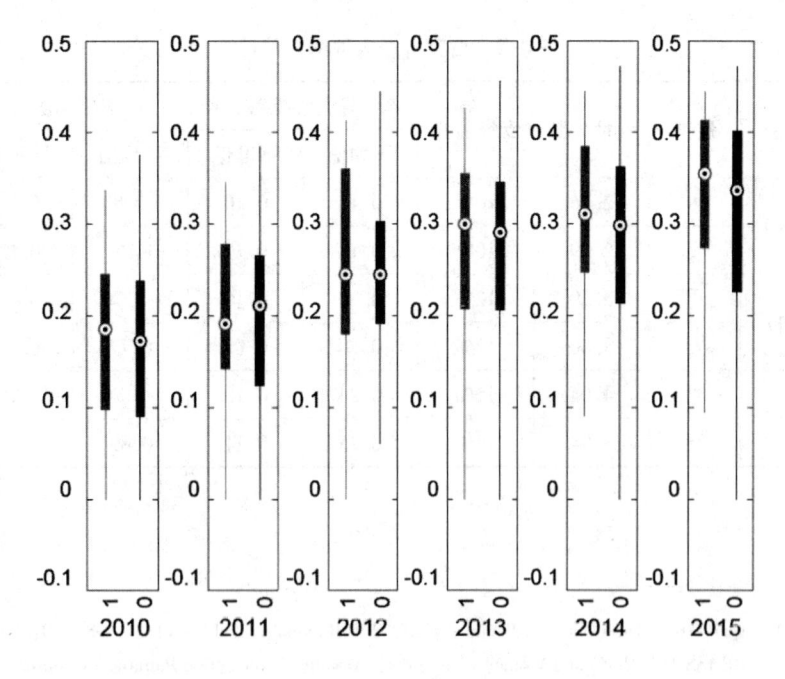

(a) 布劳异质性指数

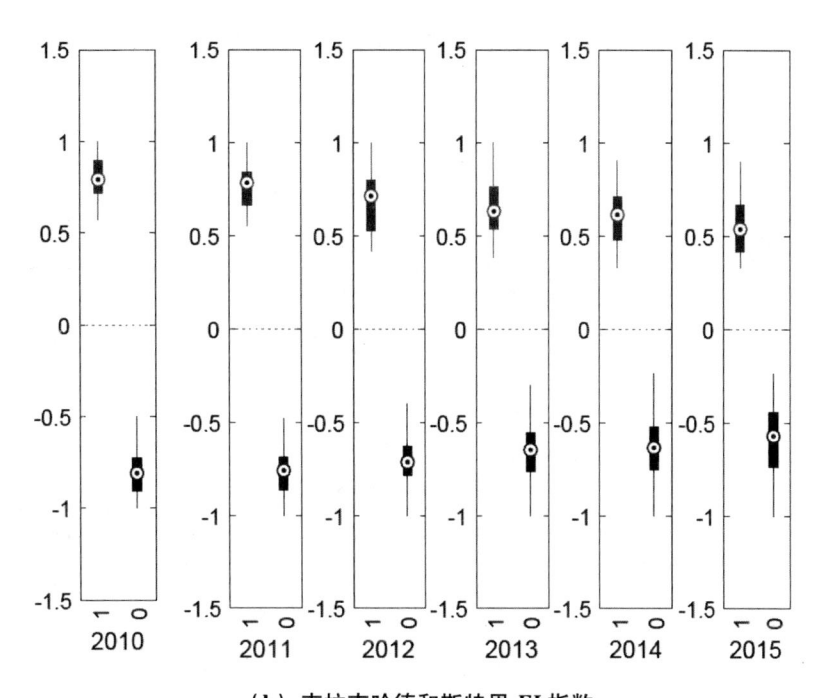

(b) 克拉克哈德和斯特恩 *EI* 指数

图 4-3 异质性指数箱形图

注：灰色（1）代表女性组，黑色（0）代表男性组。圆圈为中位数。

（二）女性的中心地位

从中心度测量统计数据中可以看出，男性群体的中心度明显下降，这表明随着女性的加入，男性的平均中心度有所下降。为了检查个人中心度的变化，我们对每个公司的中心度进行了测试，并调查了个体在网络上的加载情况。在表 4-3 中，我们看到大公司总是位于更中心的位置，具有更多的连锁关系和更高的中心度指标。这意味着大公司董事会成员的个人中心地位更高。

表4-3 公司中心度（大公司与小公司）

平均连锁率 t 检验					
	平均值	方差	观测值	t 值	p 值
大公司	0.30	0.01	87	2.44	1.59%
小公司	0.24	0.02	93		
平均度中心性 t 检验					
	平均值	方差	观测值	t 值	p 值
大公司	8.15	0.36	87	6.87	0.00%
小公司	4.66	0.36	93		
平均博纳西奇中心性 t 检验					
	平均值	方差	观测值	t 值	p 值
大公司	1.11	0.06	87	7.47	0.00%
小公司	0.55	0.05	93		
平均中介中心性 t 检验					
	平均值	方差	观测值	t 值	p 值
大公司	4.67	0.42	87	2.12	3.50%
小公司	3.35	0.46	93		

为了分析大公司和小公司之间将女性纳入董事会的倾向，我们对样本进行了以下测试：我们计算了2010—2015年董事会成员和女性的平均人数，以及2010—2015年女性的平均比例。然后，由于董事会规模的平均值为23.02，中位数为22，我们将公司分为大型（董事会规模大于23.02）和小型（董事会规模小于23.02）两组。表4-4显示，大公司和小公司在董事会规模方面存在显著差异。不过，虽然大公司和小公司的平均董事会规模和女性人数存在差异（t 值为3.57，p 值为0.00），但大公司和小公司的平均女性比例也存在差异，但在5%的水平上差异并不显著（t 值为1.92，p 值为0.06）。女性平均中心度较大的原因之

一可能是大公司董事会中女性人数较多。

表4-4 女性比例与公司规模

董事会平均规模 t 检验					
	平均值	方差	观测值	t 值	p 值
大公司	27.18	3.13	14	9.37	0.00
小公司	19.39	7.48	16		
女性平均人数 t 检验					
	平均值	方差	观测值	t 值	p 值
大公司	4.81	3.30	14	3.57	0.00
小公司	2.55	2.64	16		
董事会规模中女性所占比例的 t 检验					
	平均值	方差	观测值	t 值	p 值
大公司	18%	0.00	14	1.92	0.06
小公司	13%	0.01	16		

如果我们比较一下两个性别组在时间上的度中心性，我们会发现女性组有一个明显的上升轨迹。如图4-4所示，在所有网络（包括非活跃节点）中，2010年两组之间的差距较大，2012年后出现了有趣的变化：过去，男性在连锁网络中占主导地位，有更多的直接联系，但现在女性已经迎头赶上，成为董事会的真正成员。

当我们研究另一种中心度指标——博纳西奇权力中心性时，出现了一个有趣的模式。博纳西奇权力中心性是"连锁网络中心度的标准度量"，它是对度中心性的扩展，使我们能够考虑网络中所有连接的重要性。这需要考虑一个人与谁有联系。如果一个人与高影响力的邻居有联系，那么他/她的博纳西奇权力中心性就会很高，表明该人在网络的整体结构中具有重要性。与只计算一个人与其直接邻居连接数量的度中心性不同，博纳西奇权力中心性会根据所有邻居的中心度来计算一个人的中心度。当我们观察没有不活跃节点的活跃网络时，发现女性组在 2010 年的博纳西奇权力中心性数值较高，并且两个性别组之间的差距正在扩大。

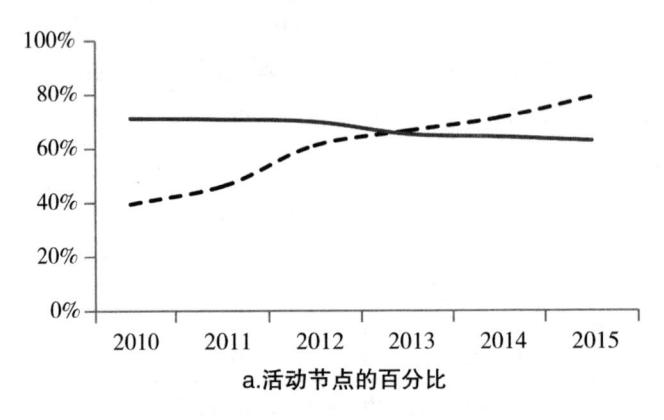

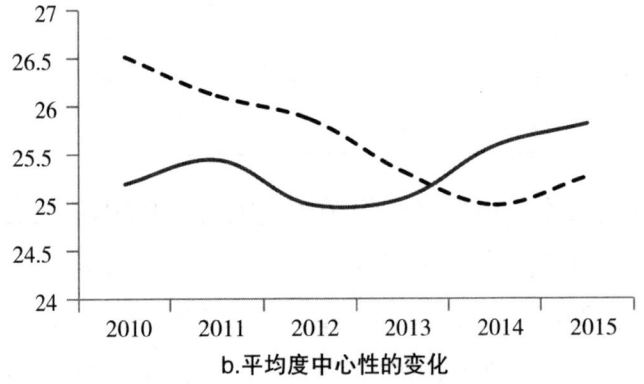

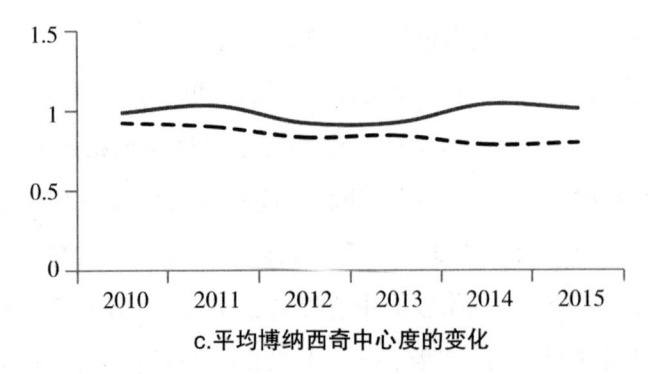

a.活动节点的百分比

b.平均度中心性的变化

c.平均博纳西奇中心度的变化

d.平均中介中心度的变化

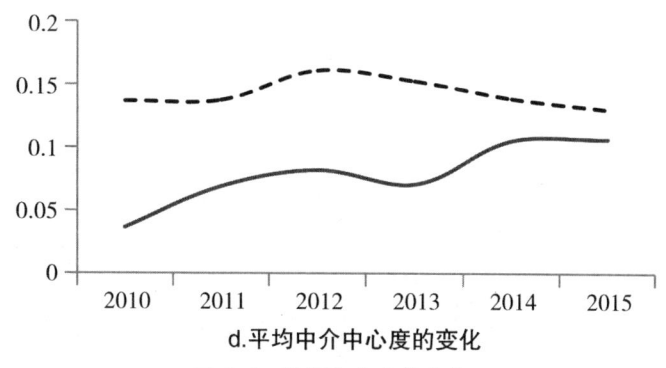

图4-4 比例和中心的变化

注：实线代表女性组，虚线代表男性组。

如图4-5所示，所有度中心性和博纳西奇权力中心性的测量结果都表明，女性群体显示出更高的值。网络分析结果表明女性群体比男性群体拥有更多联系紧密的联系人。换句话说，女性群体比男性群体具有更高的结构重要性。

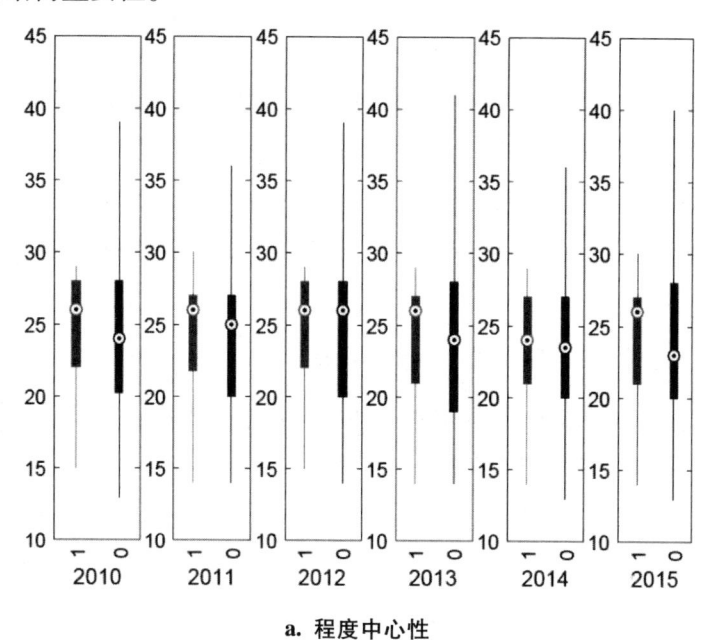

a. 程度中心性

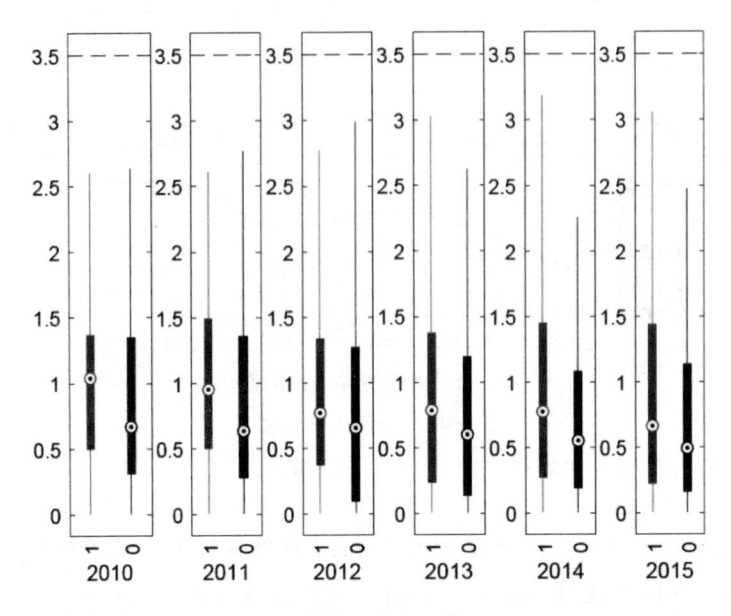

b. 博纳西奇中心性

图 4-5　中心度量的箱型图

注：灰色代表女性组，黑色代表男性组。

我们还进行了稳健性检查，计算了每个节点的有效规模。伯特衡量自我网络有效规模的定义主要是自我网络中的节点数量减去这些节点的平均度数，不包括与自我的联系。男性组和女性组的伯特测量均值分别为 2.98 和 1.96，t 检验的 p 值为 0.00。因此，女性比男性更有可能拥有强大的人脉。

（三）女性在董事会中的持续存在

鉴于董事会席位的数量随着时间的推移增长不多，在增加女性席位的同时，必须减少男性的席位。

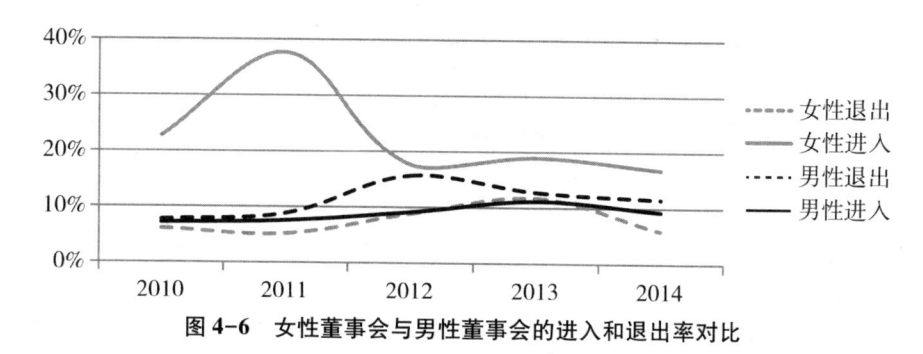

<<< 第四章 连锁视角下的女性精英与男性精英

图 4-6 女性董事会与男性董事会的进入和退出率对比

注：该图描述了两个性别群体的更替率，其中灰色实线表示女性进入，灰色虚线表示女性退出，黑色实线表示男性进入，黑色虚线表示男性退出。图中显示，在 2010—2015 年，女性董事会成员大量流入，而男性董事会成员则大量流出。

如图 4-6 所示，在整个样本期内，女性净流入高层管理职位，而男性则净流出。如表 4-5 所示，在我们的 936 个样本中，849 人在整个样本期间只担任一个席位，87 人在 2010—2015 年至少有一年担任两个以上董事会（含）的职务。到 2015 年，在 694 名单一董事会男性中有 39%离开董事会，而 155 名单一董事会女性中有 23%离开董事会；到 2015 年，在 75 名多个董事会男性中有 23%离开董事会，而多个董事会女性没有一人离开董事会。具体而言，单一董事会成员的离职率远远高于多个董事会成员，尤其是单一董事会的男性成员。

表 4-5 单董事会与多董事会

单董事会						
	观测值	占比	离职人数	离职率	入职人数	入职率
男	694	82%	269	39%	220	26%
女	155	18%	35	23%	93	11%
总计	849	91%				

	多董事会					
	观测值	占比	离职人数	离职率	入职人数	入职率
男	75	86%	17	23%	2	2%
女	12	14%	0	0%	8	9%
总计	87	9%				

表4-6报告了2010—2015年期间每年董事会数量的分类情况。随着女性董事会成员的稳步增加，变化最大的是单一董事会控股公司。在整个网络中，单一董事会的男性人数减少了51人，而单一董事会的女性人数增加了57人。拥有多个董事会席位的女性人数略有增加，这些女性大多拥有两个董事会席位。董事会席位超过3个（4个或5个）的仍基本为男性，但略有减少。这些结果证明，与同样拥有多个董事会席位的男性相比，女性一旦拥有多个董事会席位，就不太可能退出连锁网络。

表4-6 入职董事会数量分类

年份	性别	0董事席位	1董事席位	2董事席位	3董事席位	4董事席位	5董事席位
2010	男	222	490	39	12	6	0
	女	101	64	1	1	0	0
2011	男	225	492	38	8	6	0
	女	90	74	2	1	0	0
2012	男	232	494	31	8	3	1
	女	65	99	2	1	0	0
2013	男	267	460	27	12	3	0
	女	56	105	5	1	0	0
2014	男	275	452	29	10	3	0
	女	48	109	9	1	0	0

续表

年份	性别	0董事席位	1董事席位	2董事席位	3董事席位	4董事席位	5董事席位
2015	男	286	439	33	9	2	0
	女	35	121	9	2	0	0
6年中的变化	男	+84	-51	-6	-3	-4	0
	女	-66	+57	+8	+1	0	0

我们还对董事会成员的条件概率进行了计算，以检验连锁网络的持续性结果。正如米拉科维奇（Milaković）、阿尔法拉诺（Alfarano）和卢克斯（Lux）[1]所建议的那样，概率 $P(b|b-1)$ 反映了董事在已经拥有 $b-1$ 个董事会席位的情况下，被更多公司任命为董事会成员（b）的概率。从图4-7中我们可以看出，女性仍处于上升通道，因为她们还没有达到男性样本中3或4次董事会任命的门槛。我们可以预期，在不久的将来，可能由于新的强制性配额，现有的女性董事会成员可能会获得更多的任命。因此，我们关于女性持续拥有多个董事会席位的论点得到了支持。

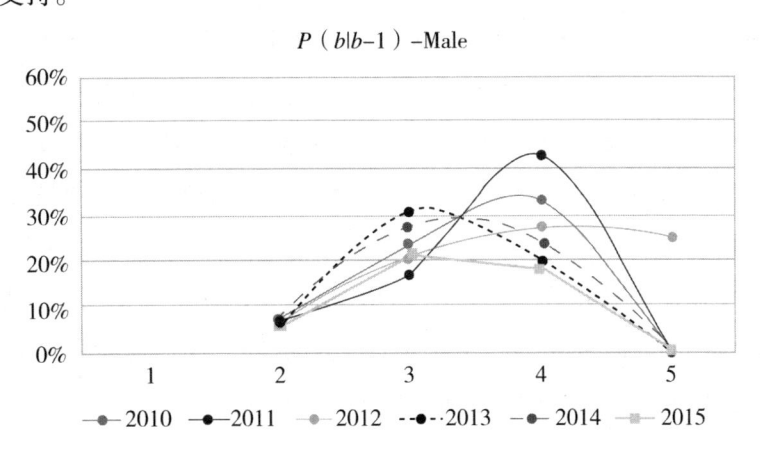

$P(b|b-1)$ –Male

---

[1] MILAKOVIĆ M, ALFARANO S, LUX T. The Small Core of the German Corporate Board Network [J]. Computational and Mathematical Organization Theory, 2010, 16: 201-215.

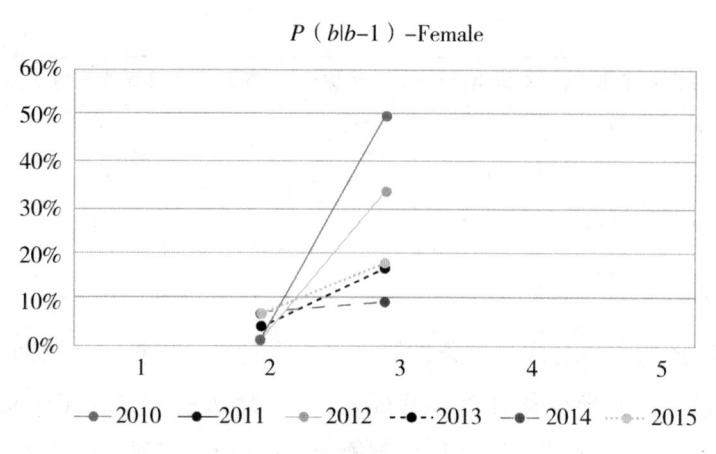

公司性别多样化研究：以连锁为视角　>>>

$P(b|b-1)$ –Female

图 4-7　董事会成员的条件概率 $P(b|b-1)$

注：董事会成员的条件概率 $P(b|b-1)$ 计算的是在前几年服务于 $b-1$ 个董事会的条件下，继续服务于 b 个董事会的董事的比例。例如，如果有 39 名（包括这 12 名）男性董事会成员服务于 2 个董事会，则有 12 名男性董事继续服务于 3 个（额外的）董事会，观察到 $b=3$ 个董事会成员的条件概率 $P(3|2)$ 为 12/39=31%。

如果我们将样本分成四个四分位数，虽然在第三和第四分位数中，两个性别群体之间没有太大的差异，但在样本的最高四分位数中，多年来一直存在显著的差距。具体来说，最频繁被任命的男性拥有四到五个董事会席位，而女性最多只有三个。结果表明，就董事会席位数量而言，女性比男性更集中于中间位置。平均而言，女性董事会成员拥有的董事会席位比男性更多，但只有男性被任命担任三个以上的董事会成员，这导致了董事会席位的分布不均。反过来，这也支持了一个观点，即一旦女性的资质得到认可（成为董事会成员），她们就有更大的机会被进一步任命。[①] 这也表明性别平衡还有很长的路要走。

---

① DING W W, MURRAY F, STUART T E. From Bench to Board: Gender Differences in University Scientists' Participation in Corporate Scientific Advisory Boards [J]. Academy of Management Journal, 2013, 56: 1443-1464.

如果我们对引入新女性董事会成员的董事会进行调查，会发现，在100名新进入董事会的女性中（除了两名再次进入者），61人进入了大型董事会，39人进入了小型董事会。对公司度中心性和董事会规模的 t 检验表明，新进女性董事会成员更有可能属于大型公司，新进女性董事会成员隶属关系的平均度中心性为12.16，而整个样本为10.62。t 检验也证实了董事会规模与公司程度中心性的高度相关性。这意味着规模较大的公司总是通过其董事会成员与其他公司保持良好的联系。结合之前关于人员构成和中心度的结果，目前的证据证实，女性通过加入大公司可以更快、更集中地获得网络职位。换句话说，如果女性有与有权势的人以及处于相同地位的其他女性董事会成员建立联系的偏好、意识和动机，那么女性候选人就更有可能与大公司中的这些人建立联系。

为了进一步检验其稳健性，我们对拥有至少2个董事会席位的强势董事会成员进行了 t 检验，调查他们在连锁网络中的位置。表4-7显示，与小公司相比，女性和男性在大公司中拥有董事会席位的比例都可能更高。在我们的样本中，从2010—2015年，共有87人拥有多个董事会席位，其中男性75人，女性12人。虽然超过90%的有权势的女性在大公司任职，而有权势的男性在大公司任职的比例仅为75%，但 t 检验并未显示这两个性别群体之间存在显著差异。这一结果意味着，通过进入大公司董事会，女性董事会成员既能接触到有权势的男性，也能接触到有权势的女性。这有助于她们减少对性别的负面刻板印象，同时满足她们对同亲关系的偏好。

表4-7 在大公司担任多个董事会成员的比例：男性与女性

	平均值	标准值	观测值	t 值	p 值
男	0.75	0.44	75	−1.30	0.20

续表

	平均值	标准值	观测值	t 值	p 值
女	0.92	0.29	12	—	—

第四节 小世界效应

随着社会网络分析的理论和方法工具的进步，人们对网络研究的兴趣激增。① 戴维斯（Davis）、尤（Yoo）和贝克（Baker）② 通过考察网络结构的稳定程度，研究了1982—2001年间美国企业精英的网络。他们发现，企业精英网络的结构非常稳定。巴蒂斯顿（Battiston）和卡坦扎罗（Catanzaro）③ 分析了美国和意大利市场的连锁网络特性，发现所有网络都表现出瓦特（Watts）④ 引入的小世界特性（一个人的邻居可能是给定小团体中任何其他成员的邻居）。

在社会网络理论的背景下，实际世界网络的一个重要特性是小世界效应。这意味着，无论网络的总体大小如何，任意两个网络节点之间的最短路径通常很短。DAX30公司的交错网络平均直径为6，平均最短路

---

① BATTISTON S, CATANZARO M. Statistical Properties of Corporate Board and Director Networks [J]. The European Physical Journal B-Condensed Matter and Complex Systems, 2004, 38: 345-352; NEWMAN M E. Mixing Patterns in Networks [J]. Physical Review E, 2003a, 67: 026126.

② DAVIS G F, YOO M, BAKER W E. The Small World of the American Corporate Elite, 1982-2001 [J]. Strategic Organization, 2003, 1: 301-326.

③ BATTISTON S, CATANZARO M. Statistical Properties of Corporate Board and Director Networks [J]. The European Physical Journal B-Condensed Matter and Complex Systems, 2004, 38: 345-352.

④ WATTS D J. Networks, Dynamics, and the Small-World Phenomenon [J]. American Journal of Sociology, 1999, 105: 493-527.

径长度为3，这证实了小世界效应的存在。换句话说，平均每个个体只需经过三步就可以联系到任何其他个体。这对信息传输和资源共享非常重要，因为个体互动过程中信息和资源会逐渐衰减和扩散。这一结果表明，信息可以快速从网络的一端传递到另一端。

"富人俱乐部"效应。富人俱乐部效应是指高度集中的节点倾向于连接其他高度集中的节点的模式。这种效应对网络的稳定性有重要影响，因为当网络结构中有许多相互连接的节点集群时，网络结构可能会更加敏感。当外部冲击击中其中一个枢纽时，由于富人俱乐部的高功率，冲击会迅速扩散。如图4-8所示，富人俱乐部系数超过1的临界值证实了2010—2015年DAX30指数连锁网络中富人俱乐部效应的存在。枢纽（联系紧密的董事会）更有可能相互连接，形成富人俱乐部。然而，我们注意到富人俱乐部的结构越来越松散，尤其是在2015年。这是意料之中的，因为随着2016年1月配额要求达到30%，引入了更多女性董事会成员，连锁网络的构成在过去几年中逐渐发生变化。未来的研究将确定是否存在临界数量的女性，以打破富人俱乐部效应。

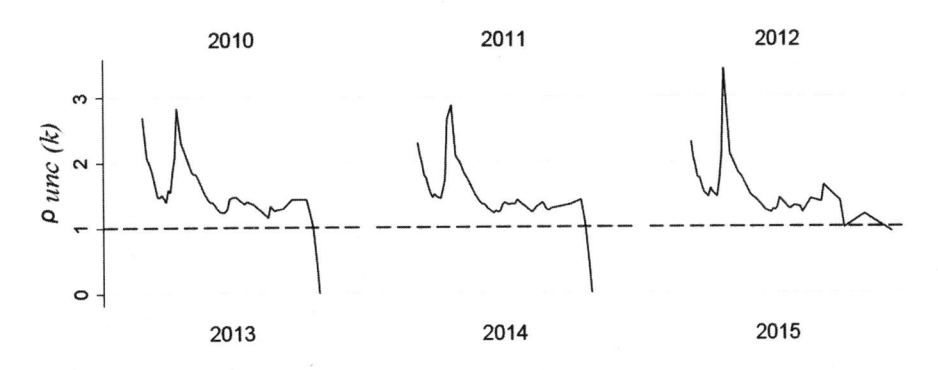

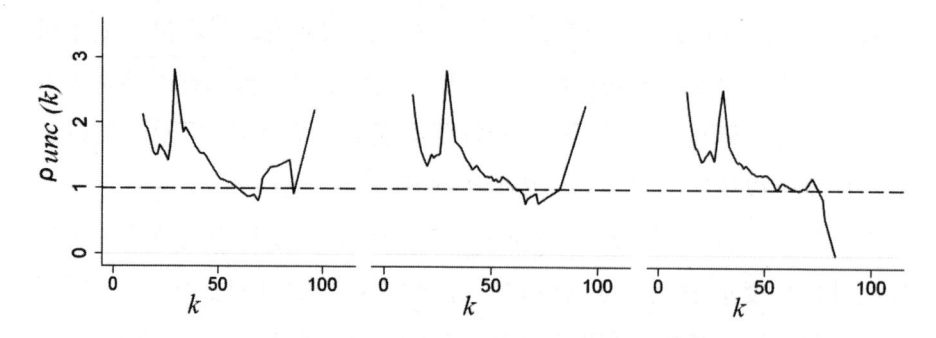

图 4-8　2010—2015 年的"富人俱乐部"效应

注：$\rho_{unc}(k)$ 是归一化的富人俱乐部系数，是阶数 k 的函数，并与等于 1 的基线值进行比较。如果 $\rho_{unc}(k)>1$，则网络显示实际存在富人俱乐部现象。（已附在下文）

附：
归一化富人俱乐部系数的公式

归一化富人俱乐部系数的计算如下：

$$\rho_{unc}(k) = \frac{\varphi(k)}{\varphi_{unc}(k)}$$

其中，

$$\varphi(k) = \frac{2E_{>k}}{N_{>k}(N_{>k}-1)}$$

这里，$\varphi(k)$ 是富人俱乐部系数，$E_{>k}$ 是度大于某个值 k 节点之间的连接数。$N_{>k}(N_{>k}-1)/2$ 表示这些节点之间可能存在的最大连接数。因此，$\varphi(k)$ 衡量了这些节点之间实际存在的连接数占其可能连接数的比例。$\varphi_{unc}(k)$ 是在具有与所研究网络相同度分布 $P(k)$ 的随机非相关网络中的富人俱乐部系数。通过归一化，$\rho_{unc}(k)$ 消除了由网络规模引起的结构相关性，为富人俱乐部现象提供了一个可比较的度量标准，其中 $\rho_{unc}(k)>1$ 表示网络中确实存在富人俱乐部现象。

第五节　结构视角下的多样化发展前景

从结构视角深入分析组织内部性别多样性的发展，我们不得不聚焦于组织网络结构的几个关键元素：中心性位置、结构洞以及外来者如何融入这一网络。这些网络结构特征对性别多样性的发展具有深远的影响。

首先，网络中的中心性位置是权力和资源流动的关键节点。在传统组织结构中，这些中心位置往往由男性占据，导致女性在决策层中的比例偏低。然而，当组织意识到性别多样性的重要性，并开始积极寻找和培养具有潜力的女性领导者时，中心性位置便为女性提供了更多进入关键决策层的机会。为了促进性别多样性，组织可以通过实施明确的性别平等政策、提供领导力培训和职业发展规划，以及通过招聘和选拔流程确保女性候选人得到公平对待。其次，结构洞是指网络中缺失的连接，为占据这些位置的人提供了信息和控制优势。在性别多样性发展的背景下，结构洞为女性提供了机会窗口，使她们能够跨越传统的性别界限，获取更多资源和信息。为了优化结构洞对性别多样性的影响，组织可以鼓励跨部门合作和团队多样性，以便女性能够在不同的工作领域建立联系和影响力。此外，组织还可以提供跨领域培训项目，帮助女性员工拓宽视野和技能，更好地适应结构洞带来的机遇。然而，网络的密集区域可能阻碍新成员的加入，特别是外来者，如女性员工。这些区域可能由既有的男性领导者形成，他们通过紧密的合作和信任关系保持权力地位。为了打破这种壁垒，组织需要采取积极措施来降低密集区域的封闭性，鼓励女性员工参与决策过程，并为她们提供更多的机会和资源。例如，组织可以设立女性领导力发展计划，为女性员工提供指导和支持，帮助她们克服职业障碍。

社会网络分析在女性领导力研究中非常重要。由于女性占劳动力的一半，社会背景因素在为女性担任各种社会职位的领导者提供平等机会方面起着至关重要的作用。乔希（Joshi）及其同事[1]最近指出："从结构角度研究工作场所的性别歧视可能值得发展，因为结构背景分析将超越歧视框架，并提供机会利用新的途径来改善性别平等和促进性别包容。"我们的研究表明，与男性群体相比，女性董事会成员具有独特的网络样式，从而提高了我们对旨在缩小领导职位性别差距的战略效率的理解。

鉴于之前讨论的证据显示，由于独立性和高资质，女性更适合担任董事会岗位，再加上女性董事一旦获得一个席位就更可能获得额外的董事会任命的证据，打破多董事会男性的"看门人"效应可能对公司董事会的有效运作具有重要意义，因此，董事会多样性的进步可能会提升董事会的效能，前提是现行的董事会规范得以调整，以鼓励对公司治理做出同样多样化的贡献。研究表明，强制配额等政策对性别进步具有明显的积极效果。这强调了结构视角下，多董事会成员男性如何通过维护现有的董事会结构来限制女性的进入和发展。这一讨论提供了对结构视角下多样化发展的深入理解。

---

[1] JOSHI A, NEELY B, EMRICH C, et al. Gender Research in AMJ：AN Overview of Five Decades of Empirical Research and Calls to Action Thematic Issue on Gender in Management Research [J]. Academy of Management Journal, 2015, 58：1459-1475.

第五章

高管团队内部微观影响机制

现有高管团队的规范与制度，对团队多样化进程起着决定性作用。在韦斯特法尔和扎亚克（ZaJac）[①] 的文献回顾中明确提出高管团队的多样化受制于主流社会意识形态与惯例，在位的高层管理人员始终倾向于选择与他们在主要人口统计特征上相近的候选人，这些特征包括性别、民族、年龄、教育背景、专业领域、高管经验、工作背景等。[②] 多数研究者认为由于男性领导者占据了关键性岗位，从微观与宏观两方面都形成了排挤女性的力量，从而牵制了女性参与决策层的进程。

本章着重研究现有内部环境的微观层面障碍。在女性参与决策层影响因素相关研究中，主要以社会认知理论等社会行为理论为基础，关注

---

① WESTPHAL J D, ZAJAC E J. A Behavioral Theory of Corporate Governance: Explicating the Mechanisms of Socially Situated and Socially Constituted Agency [J]. The Academy of Management Annals, 2013, 7 (1): 607-661.

② HILLMAN A J, CANNELLA JR A A, HARRIS I C. Women and Racial Minorities in the Boardroom: How Do Directors Differ [J]. Journal of Management, 2002, 28 (6): 747-763; WESTPHAL J D, STERN I. The Other Pathway to the Boardroom: Interpersonal Influence Behavior as a Substitute for Elite Credentials and Majority Status in Obtaining Board Appointments [J]. Administrative Science Quarterly, 2006, 51 (2): 169-204; ADAMS R B, FERREIRA D. Women in the Boardroom and Their Impact on Governance and Performance [J]. Journal of Financial Economics, 2009, 94 (2): 291-309.

女性高管的选任[1],着重分析个体行为人对性别这一人口统计特征的心理动因,并以此为依据来论述女性难以进入企业高管团队的原因是"同性互助",因为这样的行为惯性使女性受到男性同行的排斥和打压。这虽然从社会行为视角考察了微观个体如何受到社会心理的影响,从而引发组织内部互动行为,但大多研究都将男性领导对女性的排斥作用同质化,尚未考察高管团队中不同角色男性对女性参与企业决策层的异质性态度与行为。比如,根据职能以及重要性,CEO与董(监)事会主席是高管团队中重要的研究对象:(1)CEO,即首席执行官,处于企业实际经营的核心,企业大多数决策是由CEO做出的,CEO的领导力也直接影响企业的管理效率;(2)董(监)事会主席,董事会根据国家的企业法规定而不完全相同,但是大都起到对企业管理层的监督作用和对企业决策的意见咨询作用,而主席的作用举足轻重,能直接引导委员会决议结果;(3)董事明星,也就是连锁董事,通过在多个企业董事会任职而获得丰富的企业资源。企业高管团队拥有企业的经营权(非所有权),是企业战略与运营决策的制定者与实施者,这一章主要通过解析企业不同角色的行为动机来考察女性领导候选人进入企业高管团队的障碍与对抗因素。

长期以来,男性在企业高管团队中占据了压倒性的多数席位,企业高管团队中的行为规范和预设功能发展都是通过男性来制定和实施的。根据高阶理论,人们的认知取决于以往经验形成的价值观,这种认知体

---

[1] TERJESEN S, SEALY R, SINGH V. Women Directors on Corporate Boards: A Review and Research Agenda [J]. Corporate Governance: An International Review, 2009, 17: 320-337.

系能对战略决策过程产生重大影响。① 汉布里克（Hambrick）② 在对高阶理论进行重新阐释时指出："高阶理论的中心前提是管理者的经验、价值观和个性严重影响他们对所面临情况的解读，进而影响他们的抉择。加上有限理性的约束，客观信息复杂而不确定，只能通过个人的认知系统来解释。"根据社会认同理论，如果一个人将自己归类为一个特定群体的成员，并且从这一特定群体中获得物理和心理资源③，该群体便成为个体心理价值的重要来源，这些都能增加其成员遵守和保护现存准则的意愿和倾向性。这种通过自身经验和认知，对现实情况进行解读，加上社会认同过程的动态交互，让男性有强烈的动力保护现有的男性规范，以此来保护自己的多数席位和群体价值。实证经验表明，越强烈认同群体身份的群体中的个体，就越倾向于保持现存的规范，比如，更强烈地认同企业精英精神的 CEO 会为其他 CEO 提供更多支持。④

第一节　男性精英的影响

一、男性战略领导的影响

多数研究表明，无论歧视还是偏见，由于对女性的区别对待，女性

---

① HAMBRICK D C, MASON P A. Upper echelons: The Organization as A Reflection of Its Top Managers [J]. Academy of Management Review, 1984, 9 (2): 193-206.
② HAMBRICK D C. Upper Echelons Theory: An Update [J]. Academy of Management Review, 2007, 32: 334-343.
③ TAJFEL H, TURNER J C. An Integrative Theory of Intergroup Conflict [J]. The Social Psychology of Intergroup Relations, 1979, 33: 94-109.
④ BOIVIE S, LANGE D, MCDONALD M L, et al. Me or We: The Effects of CEO Organizational Identification on Agency Costs [J]. Academy of Management Journal, 2011, 54 (3): 551-576.

领导一般会采取模仿男性同事或同行行事作风的策略，来获得下属的尊重和认可，增加作为企业领导者的合法性。在目前女性领导身份尚缺乏合法性的企业制度下，作为企业战略领导者的董事会主席究竟对企业高管团队的性别多样化有怎样的影响？

一般来说，在决策层成员选拔过程中，董事会主席的作用举足轻重。[①] 特别是在董事会增加更多女性成员方面，董事会主席发挥了相当大的作用。因为董事会主席通常拥有决定性的投票权，并且可以为候选人进行游说。经验数据表明，董事会主席是对高层管理团队和董事任命影响最大的人，在女性人数更多的高管团队中，董事会主席更加重视性别多样性，并且他们更有可能游说或直接投票支持女性董事任命。也就是说，如果董事会主席重视性别多样性，就能通过雇佣首席管理团队成员以及推动董事会的性别多样化等手段，来实现这种多样性偏好。[②] 依据高阶理论推断，那些能够影响董事会主席对多样化态度和认知的因素，可通过董事会主席的偏好与行动，对企业高管团队的性别多样化产生显著影响。目前此领域研究还缺乏除了美国的实证数据支持，并且对董事会主席影响高管团队性别多样化的机制也尚待开发。高管团队的选任一般都是由董事会主席主导的，所以探讨董事会主席对于女性领导力引入决策层的研究是很有意义的。在讨论男性领导对女性候选人的选择方面，存在两个相互矛盾的观点：第一，以麦克唐纳和韦斯特法尔[③]为代表的观点认为，男性对于同性的偏好占据行为互动中的主导作用；第

[①] CLUNE R, HERMANSON D R, TOMPKINS J G, et al. The Nominating Committee Process: A Qualitative Examination of Board Independence and Formalization [J]. Contemporary Accounting Research, 2014, 31 (3): 748-786.

[②] KOTTER J P. The General Managers [R]. New York: Free Press, 1982.

[③] MCDONALD M L, WESTPHAL J D. Access Denied: Low Mentoring of Women and Minority First-Time Directors and its Negative effects on Appointments to Additional Boards [J]. Academy of Management Journal, 2013, 56 (4): 1169-1198.

二,以朱①为代表的观点认为,男性领导先前与女性同事的合作经验能够纠正对女性的偏见,合作经验使思想更包容,更愿意在将来工作中与女性合作,从而不容易产生排斥动机。② 本章期望通过对美国以外的数据进行定量研究,考察男性董事会主席对女性高层管理团队成员和女性董事任命的影响;同时,也考察董事会主席的教育、经验、专业、管理职能等要素对其性别多样性的偏好。

在微观机制的研究中,性别往往作为男女综合特质的代理变量,这种代理所产生的误差有可能导致因果关系的非线性表现。比如,有学者指出,对之前有过与女性领导共事经验的男性来说,对异性的排斥感有所减弱。这实际上是对高阶理论的一种扩展,认为男性领导者的前期多样化经验增加了其对外来群体的可控感,中和了对异质性的排斥感,从而更容易接受女性领导的提名与任命。那么,如果一个男性董事会主席长期处于一种缺乏性别多样化的高管团队中,他对性别维度异质性的接受度会降低,由于前期没有与女性同事的共事经验,对女性的刻板印象会无意识加强,而且作为男性本来就对女性不具有"同性互助"倾向。另外,根据经验性数据,男性同性互助的倾向很明显,无论由于选择惯性还是由于网络关系产生的动因。有经验的男性领导并未意识到自己有性别偏见,越是具有丰富经验的男性领导,其潜意识由于长期暴露在男性规范的社会网络中,虽有更多机会接触到女性领导,与之共事并可能存在纠错的效应,但现有制度环境仍由男性主导,导致暴露的时间越长,越有可能面临更多的男性规范影响,也就是与其共事的男性更多,

---

① ZHU D H, WESTPHAL J D. How Directors' Prior Experience with Other Demographically Similar Ceos Affects Their Appointments onto Corporate Boards and the Consequences for CEO Compensation [J]. Academy of Management Journal, 2014, 57 (3): 791-813.

② McKinsey&Company Report 2018. Delivering through Diversity [R]. McKinsey & Company, 2018.

同性互助的影响会高于纠错效应，从而产生更强的对女性的歧视和放弃，选择与其他男性合作、共事。因此，男性董事会主席对女性参与决策层应该具有负向影响，但男性董事会主席的多样化工作经验能缓冲这种负面效应。

二、男性连锁董事的影响

在高管团队中除了以性别属性为核心的身份认同与保护，具有多个董事任命的男性董事还有独特的顾虑和负面动机来对抗女性领导参与高管团队。连锁董事一般被视为企业精英，因此他们对企业往往具备与其席位数不成比例的影响力，加上马太效应的集聚效应使得他们身上的光环呈指数型扩张。而且，大多数连锁董事都是男性，女性很少能持有复数董事席位。根据最优独特性理论，独特性本身就是一个影响选择的动机，它能加强社会群体之间的社会身份认同，从而满足个人从社会群体中所获取的心理需求，放大社会认同效应。

个体特征从社会认知的角度能够作为一个有效动机，促使个人保持与众不同，即使是那些来自同一个群体并且共享群体身份的人。虽然男性构成了高管团队的绝大多数，但只有少数拥有多个董事席位，这些男性认为他们的多席位任命是独一无二的优势资源，将他们与那些仅持有单一席位的高管男性区分开。换句话说，多席位持有男性的自我认同建立在两个具有潜在收益的特性上：第一，作为男性；第二，作为拥有多个董事席位任命的男性。现有的以男性为主导的高管团队结构使男性拥有了这种垄断资源，他们具有更强烈的动机维护现有秩序，对抗高管团队的多样化进程，因此我们针对男性连锁董事对女性参与决策层的影响做了如下探索。

长期以来，女性在公司董事会中的代表性一直不足，尽管女性的加入可能带来的好处有很多，从提高生产力和人才库的规模，到企业社会

<<< 第五章 高管团队内部微观影响机制

责任和满足利益相关者的压力，以实现性别平衡。① 此外，董事会的性别多样性对公司来说是一个道德问题，关系到整体社会福利和平等社会中的机会。② 根据ISS质量得分（ISS Quality Score）的数据，在2016年全球董事会中女性的总体比例达到16.9%。在美国，罗素3000指数上榜公司28%的董事会中，五分之一的席位由女性占据。在英国，2017年富时100指数董事会中的女性比例达到28%，而富时100指数执行委员会成员中只有19.4%是女性。③ 在德国，超过80%的非执行董事会成员和超过90%的执行董事会成员是男性，而在德国最大的200家公司中，女性的比例分别为19.7%和6.3%。④

尽管越来越多的国家制定了政策并采取了各种措施来增加董事会多元化，但这些数字依然较低。最近采取措施的国家包括德国，经过多轮讨论，政府于2014年12月通过了性别配额法案。该法案要求前100大上市公司在其监事会中实现30%的性别配额，该配额于2016年1月生效。⑤ 如果30%的配额未能实现，作为制裁，董事会席位必须保持空缺。随着性别平等进展缓慢，全球各地的性别配额结果喜忧参半。⑥ 欧盟委员会的性别平等目标继续推动对阻碍和促进女性领导职业发展的因

---

① BEAR S, RAHMAN N, POST C. The Impact of Board Diversity and Gender Composition on Corporate Social Responsibility and Firm Reputation [J]. Journal of Business Ethics, 2010, 97 (2): 207-221.
② TERJESEN S, SEALY R. Board Gender Quotas: Exploring Ethical Tensions from A Multi-Theoretical Perspective [J]. Business Ethics Quarterly, 2016, 26 (1): 23-65.
③ SEALY R, DOLDR E, VINNICOMBE S. Cranfield Female FTSE Board Report 2016 [R]. Granfield: Cranfield University, 2016.
④ HOLST E, KIRSCH A. Corporate Boards of Large Companies: More Momentum Needed for Gender Parity [J]. DIW Economic Bulletin, 2016, 6 (3): 13-25.
⑤ TERJESEN S, SEALY R. Board Gender Quotas: Exploring Ethical Tensions from A Multi-Theoretical Perspective [J]. Business Ethics Quarterly, 2016, 26 (1): 23-65.
⑥ TORCHIA M, CALABRO A, HUSE M. Women Directors on Corporate Boards: From Tokenism to Critical Mass [J]. Journal of Business Ethics, 2011, 102 (2): 299-317.

素进行研究，并提高女性在公司董事会中的参与度。为此，许多学者在公司董事会的背景下研究性别多样性。

一组研究调查了女性的存在与公司或董事会绩效之间的关系。[1] 这些研究主要关注董事会性别多元化的结果，然而，理论上的模糊性和不一致表明，这种关系是复杂的。[2] 另一组文献专注于女性任命的前因，并研究了负面偏见和歧视在甄选过程中的作用，以及对女性担任公司董事会等最苛刻职位的评估。[3] 这一文献主要建立在社会认同理论的基础上，更具体地以个体人口统计学上的相似性和同质性作为解释[4]，认为男性更喜欢男性，女性更喜欢女性作为同事。

然而，很少有人系统地关注董事会的进一步特征，包括现任企业精英成员的特征，即多次任命的董事会成员。本章有助于研究女性参与董事会的前因，并促进对女性为什么在进入最高领导职位方面面临困难的理解。具体而言，我们调查了现任董事会精英的潜在影响，特别是拥有多个董事会任命的男性。尽管性别是个体分类中一个显著的、容易观察到的特征，但当获得额外的信息时，对性别认同的解释可以改变、加强

---

[1] ADAMS R B, FERREIRA D. Women in the Boardroom and Their Impact on Governance and Performance [J]. Journal of Financial Economics, 2009, 94 (2): 291-309.

[2] DEZSO C L, ROSS D G. Does Female Representation in Top Management Improve Firm Performance? A Panel Data Investigation [J]. Strategic Management Journal, 2012, 33 (9): 1072-1089.

[3] TERJESEN S, SEALY R, SINGH V. Women Directors on Corporate Boards: A Review and Research Agenda [J]. Corporate Governance: An International Review, 2009, 17: 320-337.

[4] IBARRA H. Personal Networks of Women and Minorities in Management: A Conceptual Framework [J]. Academy of Management Journal, 1993, 18 (1): 56-87; JOSHI A, Liao H, ROH H. Bridging Domains in Workplace Demography Research: A Review and Reconceptualization [J]. Journal of Management, 2011, 37 (2): 521-552.

或削弱。① 我们认为，多个董事会的成员资格是董事会组成的一个突出特征。拥有多个董事会席位的人被视为企业精英的成员。他们很可能从这种享有盛誉的地位中获得不成比例的利益，并在他们拥有董事会席位的多家公司中对重要的公司政策施加重大影响。基于最优独特性理论②，个体通过权衡社会群体和情境内部之间的包容性和特殊性来优化个人效用。多个董事会的成员资格意味着额外的利益，并意味着持有人的显著性特征值得保护。因此，我们认为，与董事会组成和地位差异有关的社会动态可能会减缓女性获得高层职位的速度，值得进一步研究。

谁会因女性进入董事会受益，谁又会为此付出代价？我们试图扩展现有的答案，以回答"为什么女性在董事会的席位仍然不足？"以及"是什么阻碍了性别进步？"的假设。我们认为，女性进入董事会不可避免地嵌入竞争，反映了这一背景下存在的规范和社会力量的配置。我们的论点特别借鉴了社会认同理论，这是领导力研究中常用的理论③，以及最优独特性理论。根据高阶理论，人们的认知、价值观和知觉由先前的经验形成，显著影响战略选择的过程。④ 正如汉布里克所说："高阶理论的中心前提是，高管的经验、价值观和个性极大地影响了他们对所面临情况的解释，进而影响了他们的选择……有限理性引入了这样一种观点，即信息复杂、不确定的情况不是客观的'可知'，而仅仅是可

---

① STANGOR C, LYNCH L, DUAN C, et al. Categorization of Individuals on the Basis of Multiple Social Features [J]. Journal of Personality and Social Psychology, 1992, 62: 207-218.
② BREWER M B. The Social Self: On Being the Same and Different at the Same Time [J]. Personality and Social Psychology Bulletin, 1991, 17: 475-482.
③ CHATTOPADHYAY P, TLUCHOWSKA M, GEORGE E. Identifying the Ingroup: A Closer Look at the Influence of Demographic Dissimilarity on Employee Social Identity [J]. Academy of Management Review, 2004, 29: 180-202.
④ HAMBRICK D C, MASON P A. Upper echelons: The organization as a reflection of its top managers [J]. Academy of Management Review, 1984, 9: 193-206.

解释的"①。

考虑到男性长期以来在公司董事会中占据压倒性的多数，行为规范和董事会运作的假设由他们发展出来。根据社会认同理论，一旦一个人将自己归类并认定为某一特定群体的成员，并从群体成员身份中获得生理和心理资源②，该群体就成为自豪感和自尊的重要来源。这增加了群体成员（在我们的案例中是董事会成员）有义务并愿意遵守和保护现有规范的可能性。换句话说，男性会根据自己的经验和"占多数""掌握主导权"的价值来保护既定的规范。成员对群体的认同和坚守越强烈，他们对现存规范的把握就越紧。博维（Bovie）、兰格（Lange）、麦克唐纳和韦斯特法尔③的实证研究表明，认同企业精英的 CEO 会为其他 CEO 提供更多的支持。连锁董事被视为内部圈子或企业精英的成员，因此他们往往对商业世界有不成比例的影响力。④ 连锁董事大多是男性，在拥有一个以上公司董事会席位的人中，女性是少数。

根据最优独特性理论，独特性本身是一种动机，影响社会群体的选择并强化其社会身份，从而满足个人心理需求。因此，作为一种动机，

---

① HAMBRICK D C. Upper Echelons Theory: An Update [J]. Academy of Management Review, 2007, 32: 334-343.
② HACKMAN J R. Group Influences on Individuals in Organizations [M] //DUNNETTE M D, HOUGH L M. Handbook of Industrial and Organizational Psychology. Palo Alto: Consulting Psychologists Press, 1992: 199-267.
③ BOIVIE S, LANGE D, MCDONALD M L, et al. Me or We: The Effects of CEO Organizational Identification on Agency Costs [J]. Academy of Management Journal, 2011, 54: 551-576.
④ GELETKANYCZ M A, HAMBRICK D C. The External Ties of Top Executives: Implications for Strategic Choice and Performance [J]. Administrative Science Quarterly, 1997, 42: 654-681; WESTPHAL J D, STERN I. Flattery Will Get You Everywhere (especially if you are a male Caucasian): How Ingratiation, Boardroom Behavior, and Demographic Minority Status Affect Additional Board Appointments at U.S. Companies [J]. Academy of Management Journal, 2007, 50: 267-288.

独特性会促使个人将自己与群体的共同身份区分开来。鉴于男性在董事会中占绝大多数，但只有少数人拥有多个董事会席位，我们可以预期，多董事会任命的男性会认为，与其他男性和女性相比，他们的多重任命是一种独特的资源，值得保留。换句话说，我们认为，多董事会任命男性的自我认同建立在两个特征之上：第一，作为男性；第二，作为拥有多个董事会任命的男性。

有几个原因可以解释为什么我们认为由男性担任多项职务的董事会会保护自己的独特性，从而抵制女性的参与。首先，我们认为，对女性作为董事会成员独立性的欣赏可能会引起有权势的男性的警惕，特别是那些拥有多个董事会任命的男性。与男性相比，女性董事会成员在决策过程中更有可能保持独立性，这主要是由于她们在董事会中的历史代表性不足。先前的文献认为，这种独立性使女性在监督活动方面表现出色，并且比男性同行更坚定地对管理层负责。[①] 现有证据表明，女性董事会成员的存在减少了会计操纵，提高了报告会计数字的信息性，减少了财务欺诈[②]、税收侵略性[③]和过高的CEO薪酬。[④] 这种效应通过男性在"老男孩俱乐部"的聚集而得到加强，并为女性创造了所谓的"落后优势"。换句话说，女性能够更好地行使她们的监督职能，正是因为与男性相比，她们在商界的根基更浅。

[①] ABDULLAH S N, ISMAIL K, NACHUM L. Does Having Women on Boards Create Value? The Impact of Societal Perceptions and Corporate Governance in Emerging Markets [J]. Strategic Management Journal, 2016, 37: 466-476.

[②] CUMMING D, LEUNG T Y, RUI O. Gender Diversity and Securities Fraud [J]. Academy of Management Journal, 2015, 58: 1572-1593.

[③] LANIS R, RICHARDSON G, TAYLOR G. Board of Director Gender and Corporate Tax Aggressiveness: An Empirical Analysis [J]. Journal of Business Ethics, 2017, 144: 577-596.

[④] BUGEGA M, MATOLCSY Z, SPIROPOULOS H. The Association between Gender-diverse Compensation Committees and CEO Compensation [J]. Journal of Business Ethics, 2016, 139: 375-390.

与没有这种联系的个体相比，网络精英内部的多重从属关系和由此产生的相互联系可以获得更多信息，并可能导致不同的决策行为。[1] 正如麦克唐纳等人所指出的那样，"许多新董事的同事将是大公司的首席执行官或公司精英的其他成员，现有的研究表明，独立控制在公司精英成员中被视为不规范"[2]。

　　其次，女性作为一个群体，在教育、职业和技能方面往往与男性群体不同，因此她们在董事会中的存在通常会增加职能背景的整体多样性。[3] 此前的文献也表明，女性善于建立亲密的关系，创造协作的工作环境[4]，这可能会改变董事会的团队动态。女性在创造共识和避免冲突方面的才能在管理和领导任务中可能是有价值的。[5] 与此同时，大量研究承认，多样性是董事会运作的重要决定因素，因为它将公司与多样化的外部资源联系起来。由于女性拥有不同的经验和背景，她们会在董事会中提出不同的"个性化解释"，从而使董事会偏离主流规范，威胁到集团的一致性。复杂性问题尤其可能成为有多名董事的董事会的一个问题，因为董事会成员工作繁忙，每次董事会任命都要投入大量时间，而且不同董事会的决策可能会产生利益冲突。因此，有多位男性成员的董

---

[1] MIZRUCHI M S. Berle and Means revisited: The Governance and Power of Large U. S. Corporations [J]. Theory and Society, 2004, 33: 579-617.
[2] MCDONALD M L, WESTPHAL J D. Access Denied: Low Mentoring of Women and Minority First-Time Directors and its Negative effects on Appointments to Additional Boards [J]. Academy of Management Journal, 2013, 56 (4): 1169-1198.
[3] BARBULESCU R, BIDWELL M. Do Women Choose Different Jobs from Men? Mechanisms of Application Segregation in the Market for Managerial Workers [J]. Organization Science, 2013, 24: 737-756.
[4] GREGULETZ E, DIEHL M R, KREUTZER K. Why Women Build Less Effective Networks than Men: The Role of Structural Exclusion and Personal Hesitation [J]. Human Relations, 2018, 56 (6): 635-662.
[5] DARGNIES M P. Men Too Sometimes Shy Away from Competition: The Case of Team Competition [J]. Management Science, 2012, 58: 1982-2000.

事会可能更重视与内部成员的高效沟通和信任,并且由于其精英地位,可能会觉得与外部成员互动的必要性较低。较少的互动频率和深度可能减少对群体中少数成员的同情和理解。此前的证据也表明,男性对群体多样性增加的反应比女性更消极。① 因此,我们可以假定,尽管有证据表明,与混合群体相比,男性在同质团队中报告的积极效应水平较低②,但由男性主导的董事会很可能会抵制女性的任命。

再次,我们认为,拥有多名男性董事的董事会希望保护自己作为商业精英的独特性,不愿任命其他可能挑战现有利益格局的董事会成员。现有研究表明,在其他董事会任职的现任董事往往在促进核心董事的额外任命方面发挥重要作用。因此,社会认同理论和最优独特性理论提供了理论机制,解释了为什么多董事会任命的男性尤其会对女性进入董事会做出负面反应。以往的研究认为,一个人越重视群体身份所带来的资源,他/她就越认为群体成员身份是其自我定义的核心,他/她也就越有可能遵守和保护群体的规范。作为一个制定规范的独特群体,保护自己的身份和地位符合男性的利益。正如奥克利(Oakley)③ 所解释的那样,首席执行官和公司董事的"老男孩网络"在新成员涌入时会遭受巨大损失。然而,如果女性大量进入高层职位,她们就可能挑战现行的男性文化规范。

最后,麦克唐纳等人进一步指出:"拥有多个董事会席位的人也更有可能被任命为商业圆桌会议(Business Roundtable)等知名咨询机构的成员,这使得个人在公司事务中具有更大的影响力。"多董事席位的

---

① WHARTON A, BARON J. So Happy Together? The Impact of Gender Segregation on Men at Work [J]. American Sociological Review, 1987, 52: 574-587.
② CHATMAN J A, O'REILLY C A. Asymmetric Reactions to Work Group Sex Diversity among Men and Women [J]. Academy of Management Journal, 2004, 47: 193-208.
③ OAKLEY J G. Gender-based Barriers to Senior Management Positions: Understanding the Scarcity of Female CEOs [J]. Journal of Business Ethics, 2000, 27: 321-334.

持有者也更有可能在其他主要社会领域（如非营利组织董事会和政府咨询委员会）获得有声望和有影响力的职位。由于这些好处主要来自与多重任命相关的崇高地位，身居多个董事会的男性可能会将女性视为争取更多董事会席位的重要竞争对手。最新的经验证据表明，跨董事会的女性是那些有可能获得额外董事会任命的女性。① 也就是说，多董事会女性的人数在不断增加。一旦女性在多个董事会任职，男性可能会从一开始就阻止女性进入董事会，以保护自己的"独特性"。因此，我们的理论观点探讨了拥有多个董事会任命的男性在反对女性任命方面可能发挥的潜在作用，因为这些任命削弱了多董事会男性的垄断地位。

第二节 女性精英的影响

我们进一步认为，董事会中可能会有更多的女性，因为已经有女性在董事会中获得了多个职位，特别是在社会上普遍存在的对女性领导人的刻板印象下。性别刻板印象是关于男性和女性特征的广泛共享的信念，它产生了对"女性是什么样的（描述性的）"和"她们应该如何表现（规范性的）"的期望。② 男性通常被认为具有成就导向的特质，也被称为代理特质，而女性则被认为具有社会导向的特质，也被称为公共特质。③ 这种将代理特质更多地归因给男性的做法让女性在追求高地位职位时处于不利地位，因为这些职位与男性刻板印象中的代理属性高

---

① RIDGEWAY C L, CORRELL S J. Limiting Inequality through Interaction: The End (s) of Gender [J]. Contemporary Sociology, 2000, 29: 110-120.
② HEILMAN M E. Description and Prescription: How Gender Stereotypes Prevent Women's Ascent Up the Organizational Ladder [J]. Journal of Social Issues, 2001, 57: 657-674.
③ DENNIS M R, KUNKEL A D. Perceptions of Men, women, and CEOs: The Effects of Gender Identity [J]. Social Behavior and Personality, 2004, 32 (2): 155-172.

度相关，并且需要这些属性。①

因此，担任董事会职务的女性可能会经历角色冲突和额外负担，因为女性的刻板印象与董事会职务的权力、权威和控制属性不符，而这些属性通常被视为男性属性。不过，这种双重束缚可能解释了为什么在有女性担任多项职务的董事会中，会进一步鼓励更多女性成为董事会成员。

如前所述，社会认同理论和相似—吸引范式一直是性别多样性研究中占主导地位的理论框架。先前的研究表明，个体之间的相似性会导致喜欢和吸引。② 相较于外群体成员，人们更愿意帮助内群体成员③，因为他们对群体内成员有更大的同理心④和"相似—吸引"效应。⑤ 这种群体内的同理心和吸引力也可能导致帮助意愿增强。⑥ 例如，女性董事会成员在将公司与女性控制的资源联系起来以及帮助公司吸引和留住女

---

① BONGIORNO R, BAIN P G, DAVID B. If You're Going to be a Leader, at Least Act Like It! Prejudice towards Women Who Are Tentative in Leader Roles [J]. British Journal of Social Psychology, 2014, 53: 217-234.

② JOSHI A, LIAO H, ROH H. Bridging Domains in Workplace Demography Research: A Review and Reconceptualization [J]. Journal of Management, 2011, 37: 521-552.

③ LEVINE M, PROSSER A, EVANS D, et al. Identity and Emergency Intervention: How Social Group Membership and Inclusiveness of Group Boundaries Shape Helping Behavior [J]. Personality and Social Psychology Bulletin, 2005, 31: 443-453.

④ MANER J K, GAILLIOT M T. Altruism and Egoism: Prosocial Motivations for Helping Depend on Relationship Context [J]. European Journal of Social Psychology, 2007, 37: 347-358.

⑤ MONTOYA R M, HORTON R S. On The Importance of Cognitive Evaluation as A Determinant of Interpersonal Attraction [J]. Journal of Personality and Social Psychology, 2004, 86: 696-712.

⑥ CHATTOPADHYAY P, TLUCHOWSKA M, GEORGE E. Identifying the Ingroup: A Closer Look at the Influence of Demographic Dissimilarity on Employee Social Identity [J]. Academy of Management Review, 2004, 29: 180-202.

性员工方面尤其有效。① 因此，在职的女性董事会成员可能会认为，女性候选人由于性别和内群体成员的身份，更愿意帮助她们。

本章所讨论的女性领导包括与前文讨论的男性领导相对应的三个角色：CEO、董事会明星、董（监）事会主席。在社会普遍存在对女性领导人的刻板印象的前提下，如果在重要岗位上已经有女性领导，她们可以调节男性所形成的群体性阻碍。

我们认为，重要岗位的女性领导倾向于为其他女性提供支持，比如，女性 CEO 或女性连锁董事。作为一个少数群体中的精英，她们代表了女性群体，必须为本组成员的利益而竞争，从而保持她们的自尊与地位，增加个体的权力实现。② 群体内部的相互支持不仅是争夺资源的问题，也是一种提升群体身份和自身精英地位的重要手段。当少数同群体成员受到较差待遇时，这种自我强化的社会认同行为会被触发③，使精英女性更愿意付出努力来改善群体的整体地位。这种论证是对女王蜂理论的一个有力补充。所谓的"女王蜂"指的是追求个体优势的女性，她们在男性主导的工作环境中，通过适应周边环境来获得成功，特意与其他女性拉开距离。根据最优独特性理论，女性需要权衡女性群体地位提升所带来的效用增加与区分自身和其他女性的效用增加。由于企业高管团队中女性仍然较少，群体利益的整体提升效应超过了女性个体边际效用的增加。因此，女性之间的互助行为可以理解为提升女性群体地位的最优策略。当两种利益达到均衡时，就会触发"女王蜂"行为。本

---

① ABDULLAH S N, ISMAIL K N I K, NACHUM L. Does Having Women on Boards Create Value? The Impact of Societal Perceptions and Corporate Governance in Emerging Markets [J]. Strategic Management Journal, 2016, 37: 466-476.
② CHATMAN J A, O'REILLY C A. Asymmetric Reactions to Work Group Sex Diversity among Men and Women [J]. Academy of Management Journal, 2004, 47: 193-208.
③ MARTIN J. Relative Deprivation: A Theory of Distributive Injustice for An Era Of Shrinking Resources [J]. Research in Organizational Behavior, 1981, 3: 53-107.

研究模块中的女性精英互助理论不仅与女王蜂理论相互兼容，更是对女王蜂理论的一个重要扩展。

此外，女性首次晋升到高管职位时会面临极大困难，但一旦跨过门槛，她们的经验便成为她们的"强者"证明。这种"认证"效应导致已有席位的女性更有可能被任命到其他席位。[1] 现任女性领导通过助推作用帮助其他女性跨越门槛，使更多女性担任高管职位，从而提高群体地位，这是女性群体增强社会认同的有效途径。因此，现任女性领导者帮助其他女性获得高管团队职位实际上对她们自己也是有利的。

伊格利（Eagly）的研究指出，女性的社会主张和呼吁相比男性更具同情心，更符合社会伦理规范，甚至对某些反常行为的忍耐度更高。[2] 在重视女性参与商业社会的环境下，女性之间的互助将更加显著。因此，拥有重要职位的女性会任命其他女性，以缓解男性对引入女性领导的负面影响。

如前所述，在许多社会中，强势女性经历着性别和领导刻板印象的双重束缚。这种社会认知往往会使人们对女性实际表现的判断产生偏差[3]，从而增加与她们任命相关的感知风险。[4] 当前董事会中女性董事的稀缺，强调了与新任命相关的风险感知。然而，从需求端来看，企业及其董事会的特点决定了任命女性的可能性以及在选择女性时使用的标

---

[1] DING W W, MURRAY F, STUART T E. From Bench to Board: Gender Differences in University Scientists' Participation in Corporate Scientific Advisory Boards [J]. Academy of Management Journal, 2013, 56: 1443-1464.

[2] 熊艾伦, 王子娟, 张勇, 等. 性别异质性与企业决策：文化视角下的对比研究 [J]. 管理世界, 2018, 34 (6): 127-139.

[3] LEE P M, JAMES E H. She'-E-Os: Gender Effects and Investor Reactions to The Announcements of Top Executive Appointments [J]. Strategic Management Journal, 2007, 28: 227-241.

[4] LUBOMIR P L, MORETON P, ZENGER T R. Corporate Strategy, Analyst Coverage, And The Uniqueness Paradox [J]. Management Science, 2012, 58: 1797-1815.

准。这些特征还塑造了女性董事会成员运作的公司环境，以及女性影响董事会运作和公司业绩的能力。一方面，高管女性的存在反映了公司及其利益相关者对女性领导者的积极看法和态度。这类公司的董事会首先可以从女性的独立性和多元化资源中受益更多，在进一步追求性别平等方面可以降低成本。另一方面，相对于监事会成员的工作，如监督、提供顾问、出席年会等，管理委员会的工作更具操作性和密集性。因此，那些在管理委员会中有女性成员的公司可能会内生地产生对女性领导者的需求。此外，遵守性别平等政策的强大压力有利于女性首席执行官（管理委员会中的女性）对女性包容的影响。这导致女性董事在监事会中更普遍，特别是当女性首席执行官偏袒自己性别群体的成员时。女性高层管理人员的存在反映了公司的特点和开放性，因此，她们的存在可能会对董事会的性别多样性产生积极影响。

本章创新性地突破了高管团队同质性的假设，解析了高管团队中具有特殊权威的群体，揭示了男性精英如何形成守门人效应，并构建了男性精英与女性参与高管团队的对抗机制。通过探讨女性精英对女性参与高管团队的支撑作用，扩展了女王蜂理论的广度，特别是在对女性领导力的研究上。

第三节 实证分析

一、数据与方法

实证检验是基于 2015 年 8 月 15 日组成德国 DAX30 指数的 30 家上市公司的董事会。它们是德国市值最大的 30 家公司。2010 年欧盟委员会发起"男女平等战略"以来，德国等欧洲国家一直在积极推动女性参与商业活动。德国为我们的研究提供了一个合适的背景,因为它是最新引入监事会性别配额30%的国家之一,该配额制度自2016年1月1日起生效,因此,我们研究的是2010—2015年,这对我们样本中的董事会仍然没有约束力,虽然在德国实施配额的决定是在2014年。

如表5-1所示,德国董事会中的女性人数从2010年的64人增加到2015年的121人,几乎翻了一番。随着时间的推移,多董事会女性的数量也在稳步增加,而多董事会男性的数量则在减少。在公司治理方面,德国公司遵循两级制,监事会和管理层分开。监事会负责监督和任命管理委员会,管理委员会负责公司运营。监事会的规模视企业规模而定,监事会成员包括由股东和职工代表共同选举产生的董事;大型上市公司(拥有>2000名员工)要求将至少50%的监事会席位分配给员工代表。此外,德国的所有权相当集中。大部分股份由大股东持有,如银行、其他大公司和创始家族。[1] 与美国公司[2]相比,高层管理人员的股权激励薪酬实施频率较低。我们从年度报告和数据流(Datastream)中收集数据。因为我们的数据集是从2010—2015年(在德国配额的约束日期之前),所以我们也控制了年份效应,我们预计,随着时间的推移,董事会中的女性人数将随着配额的增加而增加。

表5-1 多个董事会成员的年度分布情况

董事会成员	年份					
	2010	2011	2012	2013	2014	2015
单席	554	566	593	565	561	560

---

[1] GEDAJLOVIC E R, SHAPIRO D M. Management and Ownership Effects:Evidence from Five Countries [J]. Strategic Management Journal, 1998, 19:533-553.

[2] TUSCHKE A, SANDERS G. Antecedents and Consequences of Corporate Governance Reform:The Case of Germany [J]. Strategic Management Journal, 2003, 24:631-649.

续表

董事会成员	年份					
多席	59	55	46	48	52	55
	10.65%	9.72%	7.76%	8.50%	9.27%	9.82%
男性						
单席	490	492	494	460	452	439
多席	57	52	43	42	42	44
	11.63%	10.57%	8.70%	9.13%	9.29%	10.02%
女性						
单席	64	74	99	105	109	121
多席	2	3	3	6	10	11
	3.13%	4.05%	3.03%	5.71%	9.17%	9.09%

（一）因变量

董事会多元化我们使用布劳（Blau）异质性指数[①]来衡量监事会的多元化程度。布劳异质性指数被认为是最合适和最常用的衡量董事会多样性的指标之一。布劳异质性指数根据各性别群体的比例计算如下：

布劳异质性指数 $= 1 - [P_m^2 + P_w^2]$

其中 P_m 和 P_w 分别是男性和女性的比例。那么，一半由男性组成，一半由女性组成的、完全多元化的董事会的异质性测度为 0.5，因为 $P_m = 0.5$，$P_w = 0.5$，而非多元化的董事会（$P_m = 1$ 或 $P_w = 1$）的值为 0。然后，对我们样本中的每一家公司，我们计算相应的布劳异质性指数。

---

① BLAU P M. Randall Collins, Inequality and Heterogeneity: A Primitive Theory of Social Structure [M]. New York: Free Press, 1977: 307.

(二) 自变量

男性连锁董事人数（N Multi Board Men）。连锁董事是指拥有一个以上董事会席位的董事；因此，他们位于与多家公司有关联的位置。由于他们可以获得更多的信息、与董事会成员的关系以及他们的精英地位，他们可以比单一董事会成员对董事会的战略决策产生更大的影响。

女性连锁董事人数（N Multi Board Women）。由于多次任命可以弥补女性董事的合法性问题，并使她们对公司的战略决策（例如，有关多样性的决策）更具影响力，因此我们在分析中纳入了女性连锁董事的数量，以观察女性方面的影响。

管理委员会中女性的人数（Presence Women Mgmt）。我们用一个二元变量来表示管理委员会中女性的人数。由于管理委员会与监事会的工作职责完全不同，管理委员会中的女性董事更多地参与到重点公司中，可能会对董事会多元化产生影响。

(三) 控制变量

男性的平均程度中心度。我们使用度中心性，即指向网络节点/董事会成员的连接数量的计数，来控制相互关联的公司网络中的个人权力。对董事会中的每个人，我们计算度中心性，然后计算每个董事会的平均度。因为我们对男性对董事会性别多样性的影响感兴趣，除了我们的中心解释变量——男性连锁董事的数量，男性群体的度中心性可以帮助控制大多数群体（包括单个董事会男性）的整体影响。

公司规模。我们使用全职员工数量的记录值来表示公司规模。

公司业绩。EBIT（息税前利润）和 ROA（资产回报率）包括在公司的盈利能力和业绩中。关于多样性的研究主要集中在女性的包容性和公司绩效之间的关系上，以调查女性可能对公司产生的影响。控制公司的盈利能力和业绩是很重要的，因为它们是关于公司多样性战略的关键因素。①

公司市场价格波动。我们使用公司的市场价格波动来捕捉其市场风险。因为对大多数市场参与者来说，包括女性董事仍然被认为是一个不确定和有风险的举动，市场风险维度是董事会多元化战略的一个重要决定因素。

公司股权集中度。我们计算股权集中度是指在一个地块中持有至少5%股份的百分比之和。② 第一大股东所持股份的百分比也被计算出来了，并用作稳健性检验。结果显示，使用这两种测量方法没有差异。

董事会规模。我们使用董事会成员的数量作为董事会规模。③ 董事会规模可能与董事会的性别多样性有关，这是除所有权集中度外获得董事会独立性的另一项重要措施。

海外销售额占总销售额的比例。包括海外销售额，用以反映公司在性别多样性以外的维度上的多元化程度。

为了估计在职企业精英对董事会性别多样性的影响，我们需要考虑公司异质性。因此，对于6年跨度的30家公司的样本，我们使用固定效应模型来估计回归参数。我们考虑的模型可以表示为：

$$BoardDiversity_{it} = \alpha + \beta_1 * NMultBoardMen_{it} + \beta_2 * NMultBoardWomen_{it} + \beta_3 * PresenceWomenMgmt_{it} + \gamma * ControlVariables_{it} + \varepsilon_{it}$$

其中 i = 1, …, 30, t = 1, …, 6。

其中，董事会多样性是关于某一董事会性别的布劳异质性指数，ε

---

① POST C, BYRON K. Women On Boards and Firm Financial Performance: A Meta-Analysis [J]. Academy of Management Journal, 2015, 58: 1546-1571.
② TUSCHKE A, SANDERS G. Antecedents and Consequences of Corporate Governance Reform: The Case of Germany [J]. Strategic Management Journal, 2003, 24: 631-649.
③ FARRELL K A, HERSCH P L. Additions to Corporate Boards: The Effect of Gender [J]. Journal of Corporate finance, 2005, 11: 85-106.

是误差项。所有变量都是针对每个董事会年度的观测值进行计算的。我们总共估计了五个模型：模型1只包括控制变量；模型2包含了男性连锁董事人数作为解释变量；模型3进一步包含了多董事会女性人数和二元变量——管理层女性；模型4包含了年份效应；模型5用时间压力取代了年份效应，时间压力是由年份（2010—2015年）和2016年的差计算产生，预计在时间压力增加的同时，其配额的约束力越来越强。

二、实证结果

为了对个体特征进行概述，我们根据个体是否拥有多个董事会席位对样本进行划分，然后，我们进一步按性别对子样本进行分组。如表5-2所示，连锁董事的平均年龄为61岁，更有可能拥有博士或MBA教育经历，在科学领域学习的可能性略低，持有德国护照的可能性高于持有国际护照的可能性。当关注男性连锁董事和女性连锁董事之间的差异时，我们发现男性几乎比女性大10岁；22%的男性拥有科学背景，而女性只有8%，而且女性的国际化程度略高于男性（也就是说，女性来自德国以外）。男性连锁董事的平均年龄也比男性非连锁董事大7岁，这表明可能存在所谓的"老男孩俱乐部"，年龄和连锁董事的地位是他们的特征。

表5-2 个人特征汇总统计

变量	观测值	平均值	中位数	标准差	最小值	最大值
多董事会席位						
年龄	315	61.07	62	7.15	45	77
教育水平	315	0.68	1	0.47	0	1
专业	230	0.20	0	0.40	0	1
国籍	306	0.89	1	0.31	0	1

续表

变量	观测值	平均值	中位数	标准差	最小值	最大值
男性						
年龄	280	62.09	63	6.71	45	77
教育水平	280	0.68	1	0.47	0	1
专业	205	0.22	0	0.41	0	1
国籍	271	0.90	1	0.30	0	1
女性						
年龄	35	52.91	52	5.10	45	63
教育水平	35	0.69	1	0.47	0	1
专业	25	0.08	0	0.28	0	1
国籍	35	0.83	1	0.38	0	1
单董事会席位						
年龄	3,156	55.37	55	7.69	25	88
教育水平	3,399	0.35	0	0.48	0	1
专业	1,408	0.24	0	0.43	0	1
国籍	2,615	0.81	1	0.40	0	1
男性						
年龄	2,642	55.78	55	7.82	25	88
教育水平	2,827	0.37	0	0.48	0	1
专业	1,198	0.25	0	0.43	0	1
国籍	2,182	0.81	1	0.39	0	1
女性						
年龄	514	53.25	52	6.60	40	74
教育水平	572	0.25	0	0.43	0	1
专业	210	0.19	0	0.39	0	1

续表

变量	观测值	平均值	中位数	标准差	最小值	最大值
国籍	433	0.79	1	0.41	0	1

注：年龄为观察年份与出生年份之差。如果一个人拥有博士学位或工商管理硕士学位，则教育程度编码为1；否则，编码为0。如果一个人学习过以下领域，则专业编码为1：数学、物理、化学、科学、工程和计算机科学；如果一个人学习过以下领域，则专业编码为0：商业、金融、会计、经济、管理、新闻、法律、文学、语言、政治和哲学。如果一个人出生在德国，其国籍编码为1；否则，其国籍编码为0。

表5-1显示了2010—2015年单一和多董事会成员的分布情况。我们看到，单一董事会和多个董事会席位仍然由男性主导。然而，在男性群体中，多席位持有者和单席位持有者的比例稳定在10%左右，而在女性群体中，这一比例从3%急剧上升到近10%，这表明女性正在迎头赶上，在她们的性别群体中，多席位持有者的比例更高。我们还注意到，女性董事会成员的数量从2010年的64人增加到2015年的121人。因此，女性在董事会中的比例几乎翻了一番。从图形上看，如图5-1所示，男性董事会席位总数减少，而女性董事会席位总数增加（见表5-3、表5-4）。

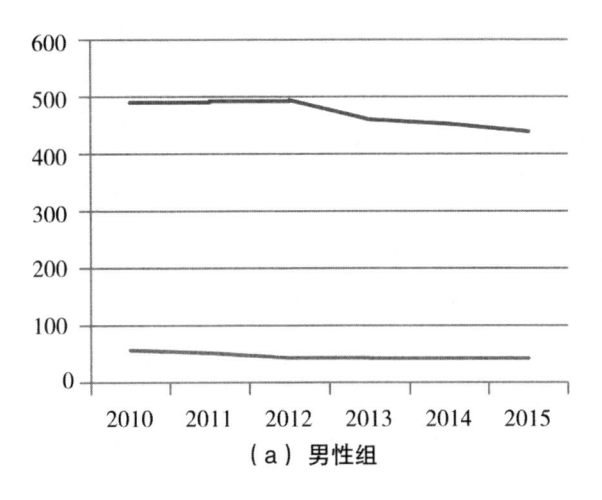

(a) 男性组

(b) 女性组

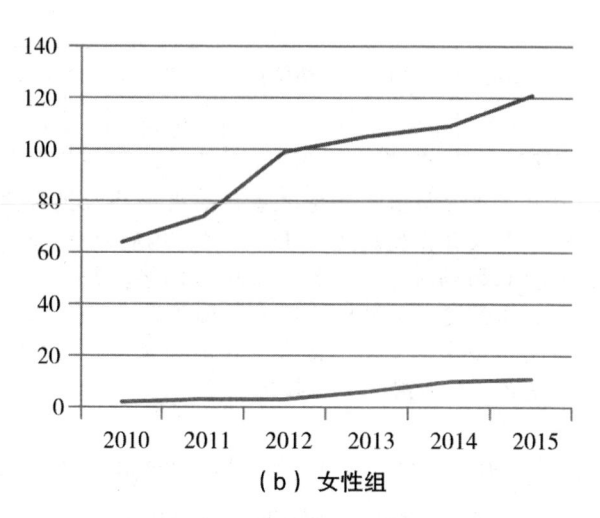

图 5-1 多个董事会成员的年度分布情况

注：由于两个性别组的董事会成员人数相差悬殊，为便于阅读，未对刻度进行调整。

表 5-3 主要变量的汇总统计

变量	平均值	中位数	标准差	最小值	最大值
董事会多样性（布劳）	0.23	0.23	0.12	0.00	0.46
多董事会男性成员的多样性	3.71	4.00	2.00	0.00	9.00
多董事会女性成员的多样性	0.43	0.00	0.65	0.00	3.00
女性管理人员（0/1）	0.31	0.00	0.46	0.00	1.00
男性的平均程度中心度	31.29	31.68	8.19	15.00	52.80
董事会规模	23.02	23.00	4.73	14.00	31.00
公司规模	126.91	79.02	130.36	3.49	626.72
息税前利润	3554.63	2365.50	3966.60	-4893.00	26890.00
资产回报率	0.04	0.04	0.04	-0.11	0.23
公司市场价格波动	5.42	4.50	5.85	0.41	65.63

续表

变量	平均值	中位数	标准差	最小值	最大值
第一大股东持股	0.20	0.16	0.17	0.00	0.89
海外销售额占总销售额的比例	64.47	68.58	20.09	6.62	100.00

表 5-4 主要变量的汇总统计

多个董事会席位的男性数量	0	1	2	3	4	5	6	7	8	9	Total
董事会数量	9	14	34	28	30	27	26	8	1	3	180
多个董事会席位的女性数量	0	1	2	3	4	5	6	7	8	9	Total
董事会数量	118	48	13	1	0	0	0	0	0	0	180

注：在 2010—2015 年的 DAX30 指数样本中，只有 9 个年份的公司观察结果中没有多董事会男性，3 个观察结果中的董事会中有 9 名多董事会男性。与此相反，大多数观察结果（180 个观察结果中有 118 个观察结果）都没有多个董事会的女性成员，我们只发现一个董事会在一年内有 3 位多个董事会的女性成员

如表 5-5 所示，有些项目的相关性很高，男性平均中心度和多个董事会席位男性数量的相关性最高达 0.779。这一结果在意料之中，因为在多个董事会任职可以让其与更多的董事会成员建立联系。我们对方差膨胀因子（VIFs）进行了检验，结果排除了自变量之间存在多重共线性的情况。进一步对模型设定进行了霍斯曼（Hausman）检验，拒绝了随机效应模型优于固定效应模型的零假设。因此，为我们的分析采用了固定效应模型。

表 5-5 皮尔逊系数矩阵

	董事会多样化	多个董事会席位男性数量	多个董事会席位女性数量	管理委员会女性(0/1)	男性平均程度中心度	公司规模	息税前利润	资产回报率	公司市场价格波动	第一大股东持股比例	海外销售额占比
董事会多样化	1										
多个董事会席位男性数量	−0.076	1									
多个董事会席位女性数量	0.442***	0.121	1								
管理委员会女性(0/1)	0.509***	0.133*	0.361***	1							
男性平均程度中心度	0.291***	0.779***	0.279***	0.303***	1						
公司规模	0.043	0.401***	0.229***	0.276***	0.497***	1					
息税前利润	0.039	0.234***	0.295***	0.290***	0.403***	0.494***	1				
资产回报率	−0.062	−0.359***	−0.074	0.069	−0.395***	−0.054	0.135**	1			
公司市场价格波动	−0.161**	−0.058	0.040	−0.010	0.096	0.176***	0.156**	−0.025	1		
第一大股东持股比例	−0.174**	−0.189**	−0.084	−0.064	−0.243***	0.088	−0.144**	0.133**	−0.107*	1	

续表

	董事会多样化	多个董事会席位男性数量	多个董事会席位女性数量	管理委员会女性(0/1)	男性平均程度中心度	公司规模	息税前利润	资产回报率	公司市场价格波动	第一大股东持股比例	海外销售额占比
海外销售额占比	-0.242***	-0.366***	0.021	0.035	-0.342***	0.101	0.0530	0.325***	0.140**	0.164**	1
董事会规模	0.348***	0.411***	0.255***	0.343***	0.746***	0.512***	0.455***	-0.314***	0.204***	-0.001	-0.198***

表 5-6 报告了我们对 DAX30 数据集在 2010—2015 年期间的主要回归结果。指示董事会多样性的布劳异质性指数是所有五个模型的自变量。模型 1 只包含了控制变量；模型 2 包含了连锁董事数量作为解释变量；模型 3 进一步包含了女性连锁董事数量和二元变量——管理层女性；模型 4 包含了年份效应；模型 5 用时间压力替代了年份效应。观测数为 170，是 ROA 和对外销售的缺失值所致。

表 5-6 DAX30 指数的回归结果（2010—2015 年）

	(1)	(2)	(3)	(4)	(5)
多个董事会席位的男性		-0.570***	-0.306***	-0.171*	-0.268***
		(0.135)	(0.100)	(0.100)	(0.093)
多个董事会席位的女性			0.328***	0.173***	0.199***
			(0.052)	(0.056)	(0.054)
管理委员会女性人员（0/1）			0.854***	0.748***	0.819***
			(0.111)	(0.107)	(0.102)
男性的平均程度中心度	-0.513***	0.183	0.236	0.203	0.256
	(0.173)	(0.232)	(0.169)	(0.155)	(0.155)
公司规模	2.140***	2.090***	1.337***	0.415	0.645
	(0.654)	(0.617)	(0.451)	(0.444)	(0.437)
息税前利润	0.096	0.041	-0.103	-0.032	-0.055
	(0.114)	(0.109)	(0.081)	(0.076)	(0.075)
资产回报率	-0.113	-0.051	-0.100	-0.060	-0.081
	(0.105)	(0.100)	(0.073)	(0.068)	(0.068)
公司市场价格波动	0.028	-0.008	-0.055	-0.058	-0.103
	(0.111)	(0.105)	(0.076)	(0.074)	(0.070)
第一大股东持股	-0.063	-0.004	-0.129*	-0.079	-0.103
	(0.109)	(0.104)	(0.076)	(0.070)	(0.070)

续表

	(1)	(2)	(3)	(4)	(5)
海外销售额占总销售额的比例	0.035	-0.025	-0.045	0.025	-0.007
	(0.131)	(0.124)	(0.090)	(0.084)	(0.083)
董事会规模	0.085	-0.017	-0.271**	-0.130	-0.178
	(0.192)	(0.183)	(0.134)	(0.126)	(0.125)
2010年				-0.696***	
				(0.135)	
2011年				-0.631***	
				(0.123)	
2012年				-0.469***	
				(0.122)	
2013年				-0.332***	
				(0.111)	
2014年				-0.190*	
				(0.106)	
时间压力					0.676***
					(0.135)
常量	-0.011	-0.011	-0.247***	0.173*	-0.513***
	(0.049)	(0.047)	(0.047)	(0.093)	(0.069)
观测值	170	170	170	170	170
R^2	0.166	0.265	0.624	0.703	0.685

括号内为标准误差，*** p<0.01，** p<0.05，* p<0.1

根据前述内容，我们认为男性连锁董事越多的董事会，多元化程度越低。模型2—5中男性连锁董事数量的系数为负且显著，支持了我们的论点（在模型2中 β=-0.570，p<0.01；在模型3中 β=-0.306，p<0.01；在模型4中 β=-0.171，p<0.1；在模型5中 β=-0.268，p<

0.01）。负向估计表明，德国公司中有权势的男性对女性董事候选人产生了不利影响。在德国，连锁董事多数是男性；然而，在我们研究的公司中，超过30%的公司有女性管理委员会成员（见表5-3），且30家公司中有5家拥有不止一名女性。

我们还认为，拥有更多女性连锁董事的董事会更多元化，这表明拥有精英企业女性的董事会对进一步增加性别多样性施加了积极的压力。模型3—5的正显著系数证实了我们的第二个论点（在模型3中β = 0.328，p<0.01；在模型4中β = 0.173，p<0.01；在模型5中β = 0.199，p<0.01）。这些发现表明，虽然男性连锁董事在一定程度上限制了女性董事的参与，但女性连锁董事欢迎更多的女性成员。这反过来又表明，身居要职的女性对其他女性抱有好感。此外，在模型3—5中，管理委员会中女性的存在是非常显著的（p<0.01），在模型5中β = 0.819。正系数为我们的第三个论点提供了支持，即管理委员会中女性的存在与董事会性别多样性水平呈正相关。

在模型4和5中，随着时间效应的引入，公司层面的措施对董事会多样性的影响变得不显著，这表明这种影响是通过时间效应（如所有权集中度、公司规模和董事会规模）来捕捉的。此外，年效应的递减系数［从2010年的−0.696（p<0.01）到2014年的−0.190（p<0.1）］和压力变量的正系数［模型5中的0.676（p<0.01）时间压力］支持我们的预期，即随着德国性别配额政策约束性日期的临近，董事会多样性会增加。

我们使用主要解释变量的替代测量方法进行了额外的测试，以检查我们结论的稳健性。我们用虚拟变量替换男性连锁董事的数量（在表5-7中，Dum0 = 1表示董事会至少有一个男性连锁董事，Dum1 = 1表示董事会至少有两个男性连锁董事，以此类推，直到Dum8 = 1表示董事会至少有9个男性连锁董事）。模型1和模型2的显著系数［模型1为

−0.468（p<0.1），模型2为−0.461（p<0.05）]和表5-7中模型3至模型9的不显著系数进一步证实了我们的观点,即男性连锁董事的存在对董事会多样性有重要影响。

在模型1中,我们设置虚拟变量(Dum0)来表示董事会是否有男性连锁董事。结果显示,拥有多名男性连锁董事的董事会(无论有多少人)的性别多样性水平较低。在模型2中,如果一个董事会至少有两个男性连锁董事,我们将虚拟变量(Dum1)设置为1。结果表明,拥有两名以上男性连锁董事的董事会多元化程度低于没有或只有一名男性连锁董事的董事会。在模型3中,我们根据不同阈值的男性连锁董事数量对样本进行重组。不显著的结果表明,当设置虚拟变量的阈值大于3时,不同数量的男性连锁董事在两组之间没有差异,这表明男性连锁董事在董事会多样性中起着至关重要的作用,即使是男性连锁董事人数较少(至少两个)的董事会,我们也观察到对董事会多样性的显著负面影响。此外,其他系数的大小变化较小,但总体结论与这些修改后的规范一致。

表 5-7 多董事会男性人数的虚拟数

	(1)	(2)	(3)	(4)	(5)	(6)	(7)	(8)	(9)
Dum0	−0.468*								
	(0.275)								
Dum1		−0.461**							
		(0.213)							
Dum2			−0.171						
			(0.127)						
Dum3				−0.181					
				(0.127)					
Dum4					0.142				
					(0.134)				
Dum5						0.111			
						(0.126)			
Dum6							−0.175		
							(0.160)		
Dum7								−0.160	
								(0.257)	

续表

	(1)	(2)	(3)	(4)	(5)	(6)	(7)	(8)	(9)
Dum8									−0.149
									(0.300)
多个董事会席位的女性	0.186***	0.162***	0.178***	0.177***	0.186***	0.176***	0.177***	0.177***	0.176***
	(0.0566)	(0.0562)	(0.0565)	(0.0564)	(0.0576)	(0.0567)	(0.0566)	(0.0569)	(0.0569)
管理委员会女性人员 (0/1)	0.756***	0.803***	0.763***	0.733***	0.781***	0.767***	0.772***	0.764***	0.761***
	(0.106)	(0.108)	(0.107)	(0.108)	(0.110)	(0.108)	(0.108)	(0.108)	(0.108)
控制	Yes	Yes	Yes	Yes	Yes	Yes	Yes	Yes	Yes
年份效应	Yes	Yes	Yes	Yes	Yes	Yes	Yes	Yes	Yes
常量	0.599**	0.580***	0.306**	0.272**	0.115	0.153	0.177*	0.174*	0.174*
	(0.264)	(0.207)	(0.133)	(0.114)	(0.112)	(0.0985)	(0.0937)	(0.0943)	(0.0946)
观测值	170	170	170	170	170	170	170	170	170
R^2	0.703	0.707	0.700	0.700	0.698	0.697	0.698	0.697	0.696

括号内为标准误差，*** $p<0.01$，** $p<0.05$，* $p<0.1$

Dum(x) 是虚拟变量，其中多董事会男性少于 x 名的董事会编码为 0，其他董事会编码为 1。

为了确保研究的稳健性，并评估当更多考虑德国经济特征的公司占更大份额时，结果是否依然有效，我们建立了一个包含2017年德国160家最大公司的数据集（包括DAX、MDAX和SDAX指数）。与DAX30公司相比，这个数据集的董事会多样性更高，男性连锁董事的数量更少。尽管这些公司的董事会规模比DAX30公司小，但其资产回报率要高得多。德国拥有大量的家族企业，即所谓的中产阶级（Mittelstand），它们进入了MDAX和SDAX指数，这可能解释了与DAX30指数不同的特征。

研究中唯一具有显著性的系数是Dum0，这表示董事会是否有多名董事会成员。研究发现，在较小的董事会中，多董事会成员对董事会多样性的影响比在较大的董事会（如DAX30公司）中更强。即使只有一个多董事会成员的存在，也能对董事会多样性产生显著影响。通过对160家德国公司的数据进行比较，我们能够从更广泛的角度评估我们的研究结果，并检查这些结果在DAX30公司之外的有效性（详见表5-7）。

三、讨论

本章探讨了董事会构成对女性董事会成员的影响。这一研究主题至关重要，因为拥有多个董事会席位的男性形成了一个企业精英群体，不仅享有不成比例的利益，还对企业决策，包括那些影响性别多样性的决策，产生显著影响。以往关于女性进入董事会的研究主要从宏观层面考察，指出各种组织和社会因素如何影响女性进入董事会。[1] 我们的研究进一步细化了这一领域，认为除了制度因素，女性在董事会中的存在还可以直接受到董事会构成的影响。

---

[1] HILLMAN A J, SHROPSHIRE C, CANNELLA A A. OrganizaTional Predictors of Women on Corporate Boards [J]. Academy of Management Journal, 2007, 50: 941-952.

我们的研究表明，董事会的性别多样性反映了公司对性别多样性的总体需求，且可以作为现有董事会成员纳入女性的规模和动机的指标。我们发现，在男性占多数的董事会中，性别多样性较低，而在女性占多数的董事会中，性别多样性较高。同样，在拥有更多女性管理委员会成员的公司中，其董事会中也有更多的女性。这些发现支持了我们的观点，即社会认同理论和最优独特性理论在解释董事会性别多样性方面具有适用性。社会认同理论和最优独特性理论为我们的发现提供了潜在的解释机制：男性保护自己作为精英成员的"优越"身份，因此，由多名男性连锁董事组成的董事会不利于女性的加入。临界质量理论则认为，女性董事的数量必须达到一定阈值才能产生有意义的影响。[1] 尽管在我们的样本中只有少数公司达到了建议的阈值——董事会中有三名女性，但我们的结果表明，即使是少数女性董事也能对董事会的多样性产生重大影响。

此外，以往的研究表明，女性在董事会中的竞争力和资格需要比男性更强，弥补了性别刻板印象的影响。[2] 然而，我们的研究结果表明，女性的成就反而可能成为她们的障碍，因为这些成就威胁到现有男性精英的自我认同。因此，为了从女性的存在和包容中获益，我们需要考虑潜在的性别利益冲突及其对企业精英的利益再分配。

我们的研究通过识别基于社会认同理论和最优独特性理论的机制，解释了女性在董事会中的任命。这些发现挑战了女王蜂现象，即有权势的女性可能会与不太成功的女性保持距离，并避免支持她们的女同事。

---

[1] KOGUT B, COLOMER J, BELINKY M. Structural Equality at The Top of the Corporation: Mandated Quotas for Women Directors [J]. Strategic Management Journal, 2014, 35: 891-902.

[2] DING W W, MURRAY F, STUART T E. From Bench to Board: Gender Differences in University Scientists' Participation in Corporate Scientific Advisory Boards [J]. Academy of Management Journal, 2013, 56: 1443-1464.

德克斯（Derks）[①] 提出，女王蜂现象可能只是由于周围女性稀少、自我认同受到威胁的结果。我们的研究表明，随着女性在高层职位的增加，女性（作为一个群体）的自我认同增强，而董事会成员的高地位带来的积极自我认同也可能缓冲女王蜂现象的发展。

另外，我们的研究结果支持配额在促进性别多样性方面的有效性，达到临界质量似乎能够创造促进多样性的积极群体动态。最近来自德国的证据表明，只有在女性董事比例达到30%左右的临界质量后，董事会层面的性别多样性才会对公司绩效产生积极影响。[②]

大多数公司层面控制变量的不显著结果表明，女性被任命到男性权力较少的董事会，特别是在德国。这些公司可能也有多元化战略，更加关注女性的包容。尽管如此，研究结果与性别和董事会多样性背景下的社会认同理论的前提是一致的。然而，公司层面属性和董事会性别多样性的内生性问题仍值得未来进一步研究。

总体而言，女性在董事会中的独立性和高资格，再加上女性获得额外董事会任命的可能性，打破了男性"守门人"效应，对公司董事会的有效运作和性别多样性具有重要意义。因此，董事会多样性的进展可以提高董事会的有效性，只要现行的董事会规范进行调整，鼓励多元化的贡献。即使我们承认与配额实施相关的争论，我们的研究表明，约束性配额等政策对性别多样性的进步有积极影响。[③] 本章的研究在解释企

---

① DERKS B, VAN LAAR C, ELLEMERS N. The Queen Bee Phenomenon: Why Women Leaders Distance Themselves from Junior Women [J]. Leadership Quarterly, 2016, 27: 456-469.

② JOECKS J, PULL K, VETTER K. Gender Diversity in the Boardroom and Firm Performance: What Exactly Constitutes A "Critical Mass?" [J]. Journal of Business Ethics, 2013, 118 (1): 61-72.

③ TERJESEN S, SEALY R. Board Gender Quotas: Exploring Ethical Tensions from A Multi-Theoretical Perspective [J]. Business Ethics Quarterly, 2016, 26: 23-65.

业中性别不平等的潜在动力以及女性通往高层领导职位之路为何漫长而艰难方面迈出了一步。性别多样性是一个有关伦理和正义的问题①，它影响董事会监督和资源提供，从而影响公司的整体效用。从相关个人的角度来看，董事会中女性的加入影响了董事会成员之间的利益分配，这可能会损害当前主导群体的垄断地位和利益。为了推动性别平等的进程，还需要进一步的研究来更充分地了解董事会性别多样性的前因和所涉及的社会力量。

---

① CARRASCO A, FRANCOEUR C, LABELLE R, et al. Appointing Women to Boards: Is There a Cultural Bias [J]. Journal of Business Ethics, 2015, 129: 429-444.

第六章

企业性别多样化促进机制

如前所述,促进策略研究关注组织外制度环境因素对女性领导力引入的影响。2003年从挪威开始,许多国家都已经将强制性的性别配额制度作为提高董事会中女性成员比例的促进策略,以这种国家层面的立法方式推动一场女性引入决策层的革命。然而针对此促进策略对微观企业和宏观经济影响的研究仍属起步阶段,对该促进策略的有效性探索仍有很大空间。在对现有文献梳理中,作者发现从社会网络结构视角来探讨配额制度有效性,能够从宏观层面了解配额促进策略,更全面地揭示其对企业和经济社会的潜在影响力。

社会网络分析出现于20世纪50年代的性别研究,在20世纪70年代和21世纪初经历了快速增长的黄金时代。[1] 这类研究主要从社会网络结构的角度,用女性网络结构弱势来解释女性领导力引入动力的不足。但同行为视角研究一样,同质性理论也是社会网络分析依赖的重要理论,不过网络分析能通过刻画典型网络形成过程对同质性现象进行量化。同质性理论与社会认同理论,从个体社会心理角度解释女性在高管团队中长期占比低的困境,认为由于在群体之间的动态互动中,个体一

---

[1] BURT R S, KILDUFF M, TASSELLI S. Social Network Analysis: Foundations and Frontiers on Advantage [J]. Annual Rev. Psych. 2013, 64: 527-547.

般在同类群体中感觉更舒适，更能够理解和认可群内成员的才能和潜力[①]，企业领导者一般只任命与自己特质相似的人。在社会网络中个体之间的相似性以及相容性是他们之间是否联结的重要因素，这种基于同性偏好上的再造过程，形成了同质性驱动的社会网络复制机制，结果导致社会网络中相互联结的个体倾向于"类似"和"同质"。

女性领导者在社会网络结构中首先由于数量少而处于明显劣势。男性由于占据了数量上的大多数，形成了男性规范，增强了男—男联结的倾向，加重守门人效应，使得女性组别逐渐边缘化。女性除了基于社会心理学理论社会行为互动的微观机制中组别偏见的制约外，逐渐边缘化的宏观网络结构位置加重了她们的劣势，让既有的男女严重失衡状态产生自我加强效应。男性在社会网络中的优势结构位置越来越突出，能够吸引更加优势的资源，形成更加稳固的优势。经此循环，女性数量上的劣势所形成的自我加强效果，通过网络结构劣势而加速了女性领导力难以突破"玻璃天花板"的结果。

鉴于女性在组织决策层参与度的提高能提升人才效率，增强组织和社会效能，领导团队的性别多样化问题已受到学界和业界的广泛关注。性别配额制度的目的是提高女性在决策机构中的代表性与参与度。[②]因此，在促进性别多样化的策略中，法定性别配额制度和其他相关措施正在被各国采用或正在准备实施，以改善组织决策层中的性别多样性。从2003年开始，性别配额制度已经被以挪威为代表的许多国家以强制性和自愿性两种方式采用，并且由于多数国家认可多样化是经济成功的驱动力的事实，配额制度正向全世界推广。

---

① O'REILLY C. Corporations, Culture, and Commitment: Motivation and Social Control in Organizations [J]. California Management Review, 1989, 31 (4): 9-25.

② TERJESEN S, SEALY R. Board Gender Quotas: Exploring Ethical Tensions from A Multi-Theoretical Perspective [J]. Business Ethics Quarterly, 2016, 26 (1): 23-65.

对决策者明确而具体的制度指示是政策有效的充分条件①，配额制度正满足了这一点。它是一个有效的外部刺激，将一个低水平的均衡状态推向一个高水平的均衡状态。尽管配额政策形式多种多样，但通常由三部分组成：女性参与者最低比例、政策落实期限和违规惩罚。② 配额制度改变了组织中权力的结构、性质及其在群体中的分配。在性别多样化研究中，大多数学者证明了性别配额制度的有效性。比如，实施性别配额制度能够促进公司董事会的优化重组、提高董事会质量，重组后的董事会成员教育水平更高、年龄更低。③ 强制的性别配额制度显著增加了女性在公司决策层中的比例，虽可能产生股市的负面反应，但并不一定会降低公司的价值，且遵守性别配额相关法律法规对董事会是一种约束性的优化措施。④ 同时，性别配额制度也是提高女性政治参与水平的有效手段。政党人员和政治价值观是性别配额法能否通过的关键。⑤ 然而，由于法律的强约束性质，必定存在部分组织实施形式上而非实质上的性别配额，而仅仅形式上的强制性别平衡，可能会导致公司的组织决

---

① DiMaggio P, Powell W W. The Iron Cage Revisited: Collective Rationality and Institutional Isomorphism in Organizational Fields [J]. American Sociological Review, 1983, 48 (2): 147-160.
② TERJESEN S, AGUILERA R V, LORENZ R. Legislating a Woman's Seat on the Board: Institutional Factors Driving Gender Quotas for Boards of Directors [J]. Journal of Business Ethics, 2015, 128 (2): 233-251.
③ FERRARI G, FERRARO V, PROFETA P, et al. Do Board Gender Quotas Matter? Selection, Performance, and Stock Market Effects [J]. Management Science, 2021: 1-26.
④ GREENE D, INTINTOLI V J, KAHLE K M. Do board gender quotas affect firm value? Evidence from California Senate Bill No. 826 [J]. Journal of Corporate Finance, 2020, 60: 101526.
⑤ TERJESEN S, AGUILERA R V, LORENZ R. Legislating a Woman's Seat on the Board: Institutional Factors Driving Gender Quotas for Boards of Directors [J]. Journal of Business Ethics, 2015, 128 (2): 233-251.

策效率低下①，且公司董事会女性董事人数与法定女性董事人数之间的差距越大，回报率就越低。②

由此可见，配额政策的研究仍然处于初始阶段，对配额政策的驱动因素和有效性的探索仍具有很大的发展空间，比如，政策的执行效率、组织对性别配额的反应、合理的配额指标等。本书对性别配额的相关研究进行了系统梳理，厘清了配额制度的发展历程和研究现状，分层次地解析性别配额制度的驱动因素和影响结果，以丰富中国的配额制度研究，为中国相关制度的制定和实施提供经验与参考。

第一节 外部促进机制必要性

当女性参与高管团队尚未获取合法性，并且其经济社会效益也没有达到社会主动性认知时，也就是社会与企业尚未主动认识到，并具备强大改革动力时，单纯依靠自我结构优化是难以实现女性领导力适当引入的。从制度角度来看，创新性改变企业既有制度安排打破内部结构自我复制与加强的现状，企业需要经过多年不懈的努力，同时伴有外部力量介入。从制度构建的角度，一种新的制度安排，必定需要通过规范的传播、模仿和强制压力来实现。制度安排的合法化进程就是先前非合法化

---

① BØHREN Ø, STAUBO S. Does Mandatory Gender Balance Work? Changing Organizational form to Avoid Board Upheaval [J]. Journal of Corporate Finance, 2014, 28: 152-168.
② GREENE D, INTINTOLI V J, KAHLE K M. Do Board Gender Quotas Affect Firm Value? Evidence from California Senate Bill No. 826 [J]. Journal of Corporate Finance, 2020, 60: 101526.

概念逐步涌现、留存，从而获取合法化的过程[1]；从人才管理的角度，市场存在严重失灵，需要外部力量对市场进行人为干预，纠正其效率损失。而企业管理层性别多样化的争论实际上是社会公正与企业所有者对其资产管理权力的争论，将原本属于全社会的效率问题交给企业所有者来决策是不合理和无效的[2]，必须有公共部门提供强有力的支持。

总体来说，能够改变现状、优化结构、构建新制度安排的方法一般包括两种：一种是依靠自身学习、创新，形成新的制度，创造出新的均衡状态；另一种是依靠外来力量介入，打破原有制度形成的均衡状态，形成新的均衡，达到更优化的自我复制结构。对企业高管团队中增加女性参与度，进而增加经济社会总体效率来说，自上而下的外部力量干预是必需的。

一、政治、制度、文化相关因素

在政治领域，政治家对某一法律法规的主观看法对其是否通过与实施起着关键作用。左倾政治家对性别配额持积极态度，支持性别配额法规[3]，政治政党联盟是政府通过立法规定性别配额的重要因素之一。[4] 右倾政治家持反对态度，激进右翼不仅反对配额，也反对配额受益者。

---

[1] SMITH W K, GONIN M, BESHAROV M L. Managing Social-Business Tensions: A review and Research Agenda for Social Enterprise [J]. Business Ethics Quarterly, 2013, 23 (3): 407-442.

[2] KOGUT B, COLOMER J, BELINKY M. Structural Equality at the Top of the Corporation: Mandated Quotas for Women Directors [J]. Strategic Management Journal, 2014, 35 (6): 891-902.

[3] WEEKS A C. Why Are Gender Quota Laws Adopted by Men? The Role of Inter- and Intra-party Competition [J]. Comparative Political Studies, 2018, 51 (14): 1935-1973.

[4] TERJESEN S, AGUILERA R V, LORENZ R. Legislating a Woman's Seat on the Board: Institutional Factors Driving Gender Quotas for Boards of Directors [J]. Journal of Business Ethics, 2015, 128 (2): 233-251.

<<< 第六章 企业性别多样化促进机制

政党精英将性别配额视为获得候选人权力的一种机制,支持性别配额的立法与实施。席尔瓦(Silva)和克里斯普(Crisp)[1]指出,在总统支持性别配额的年份内,法国议会女性候选人人数有所增加。同时,国家治理水平也能推进性别配额的立法。巴恩斯(Barnes)和科尔多瓦(Cordova)[2]基于24个拉丁美洲国家的数据发现,良好的治理质量能大幅提高男性对性别配额的支持。

由性别平等引发的矛盾事件,会推动性别配额立法。面对善意的性别歧视引发的矛盾事件,公众往往依赖家长式的观点和女性在政治中的作用,形成对性别配额和平等原则的支持[3];面对性别不公引发的矛盾事件,女性会通过引起公众对性别平等问题的关注,提高反对此类立法的成本[4],并通过要求获得更大的政治上的代表权,来改善她们生存的社会条件。阿格伯(Agerber)和克雷夫特(Kreft)[5]指出经历国内冲突的国家,比同期没有经历冲突的国家,更快地采用了性别配额。

性别配额制度不仅对性别平等有积极作用,同时也有利于提升一国的国际声誉。性别配额的引入大大减少了性别歧视[6],透明的信息使性

---

[1] SILVA P C, CRISP B F. Unintended Institutional Interactions: Presidential Coattails and Gender Parity Quotas [J]. Political Research Quarterly, 2022, 75 (3).

[2] BARNES T D, CORDOVA A. Making Space for Women: Explaining Citizen Support for Legislative Gender Quotas in Latin America [J]. The Journal of Politics, 2016, 78 (3): 670-686.

[3] PEREIRA F B, PORTO N F F. Gender Attitudes and Public Opinion Towards Electoral Gender Quotas in Brazil [J]. Political Psychology, 2020, 41 (5): 887-899.

[4] BALDEZ L. Elected Bodies: The Gender Quota Law for Legislative Candidates in Mexico [J]. Legislative Studies Quarterly, 2004, 29 (2): 231-258.

[5] AGERBER G M, KREFT A K. Gendered Conflict, Gendered Outcomes: The Politicization of Sexual Violence and Quota Adoption [J]. Journal of Conflict Resolution, 2020, 64 (2-3): 290-317.

[6] BEAURAIN G, MASCLET D. Does Affirmative Action Reduce Gender Discrimination and Enhance Efficiency? New Experimental Evidence [J]. European Economic Review, 2016, 90: 350-362.

别配额获得积极支持，比如，公众一旦了解女性代表的实际份额，更有可能支持配额。[1] 强制配额制度会导致女性数量的增加，并通过影响立法议程，最终提高女性生活的实际能力。[2] 当女性代表比例更大时，选举制度更民主，且更倾向支持女性，有助于提升国家的民主国际声誉。[3] 但也有学者认为性别配额制度对性别平等的积极作用有限，比如，费尔南德斯（Fernandes）[4] 等利用葡萄牙的数据证明，性别配额会削弱但不会打破女性参政的玻璃天花板；贝瑞（Berry）[5] 等指出配额可能会给女性造成新的不平等，可能会遭到父权主义的强烈反对，加剧性别压迫。

二、组织结构与价值变动相关因素

在组织环境中，商业精英和女性在组织结构中的位置是实施性别配额的驱动因素。男性在商业精英中占主导地位，并且性别配额在公司董事会性别平衡方面取得成功时，精英们更有可能支持性别配额。[6] 当他们在职场环境中处于不利地位时，女性对配额的认可程度更高，努力程

---

[1] COFFE H, REISER M. How Perceptions and Information about Women's Descriptive Representation Affect Support for Positive Action Measures [J]. International Political Science Review, 2023, 44（2）：139-156.

[2] DIMITROVA - GRAJZL V, OBASANJO I. Do Parliamentary Gender Quotas Decrease Gender Inequality? The Case of African Countries [J]. Constitutional Political Economy, 2019, 30（2）：149-176.

[3] BUSH S S, ZETTERBERG P. Gender Quotas and International Reputation [J]. American Journal of Political Science, 2020, 65（2）：326-341.

[4] FERNANDES J M, DA FONSECA M L, WON M. Closing the Gender Gap in Legislative Debates: The Role of Gender Quotas [J]. Political Behavior, 2021：1-25.

[5] BERRY M E, BOUKA Y, KAMURU M M. Implementing Inclusion: Gender Quotas, Inequality, and Backlash in Kenya [J]. Politics & Gender, 2020, 17（4）：640-664.

[6] TEIGEN M, KARLSEN R. Influencing Elite Opinion on Gender Equality through Framing: A Survey Experiment of Elite Support for Corporate Board Gender Quotas [J]. Politics & Gender, 2019, 16（3）：792-815.

度更高，工资也更高。① 埃纳斯多蒂尔（Einarsdottir）② 认为配额改革是针对组织结构问题的解决措施，那些认同女性在组织结构上处于不利地位的人更有可能支持性别配额。

实施性别配额极大地影响了企业的组织结构。董事会的构成因董事的性别而异，待定和要求的配额会影响董事会结构。③ 企业董事会倾向于优化重组，企业人力资本整体质量有所提升④，董事会成员的教育水平更高、年龄更低。⑤ 随着配额法的强制实施，引发了许多学者对当选的候选人质量的讨论，质疑是否会被迫选择不合格的候选人。威克斯（Weeks）和巴尔德斯（Baldez）⑥ 指出，配额与大多数资格衡量标准的低质量无关，配额女性比其他立法人员有更多的地方政府经验，缺勤率也比男性同行低。德弗罗（Devroe）⑦ 则明确反驳了配额反对者认为"政党选择不合格的候选人来达到配额标准"的观点。

---

① IP E, LEIBBRANDT A, VECCI J. How Do Gender Quotas Affect Workplace Relationships? Complementary Evidence from a Representative Survey and Labor Market Experiments [J]. Management Science, 2020, 66 (2): 805-822.
② EINARSDOTTIR P J, RAFNSDOTTIR G L, VALDIMARSDOTTIR M. Structural Hindrances or Less Driven Women? Managers' Views on Corporate Quotas [J]. Politics & Gender, 2020, 16 (1): 285-313.
③ LENDING C C, VAHAMAA E. European Board Structure and Director Expertise: The Impact of Quotas [J]. Research in International Business and Finance, 2017, 39: 486-501.
④ BALTRUNAITE A, CASARICO A, PROFETA P, et al. Let the voters choose women [J]. Journal of Public Economics, 2019, 180: 104085.
⑤ FERRARI G, FERRARO V, PROFETA P, et al. Do Board Gender Quotas Matter? Selection, Performance, and Stock Market Effects [J]. Management Science, 2021: 1-26.
⑥ WEEKS A C, BALDEZ L. Quotas and Qualifications: The Impact of Gender Quota Laws on the Qualifications of Legislators in the Italian Parliament [J]. European Political Science Review, 2014, 7 (1): 119-144.
⑦ DEVROE R. A Woman's Place? An Experimental Study on the Interaction of Gender and List-Position Cues in a System with Gender Quotas [J]. Journal of Women, Politics & Policy, 2019, 40 (4): 522-542.

性别配额制度也对企业组织价值和团队合作产生了重要影响。强制的性别平衡，可能导致公司的组织形式或董事会效率低下，并增加企业成本。企业女性董事人数与法定女性董事人数差距越大，实施性别配额带来的经营成本越高[1]，但公司财务报告质量较低的影响是短暂的，是由董事会成员的差异而非性别产生的。[2] 实施性别配额后股价呈现的负面反应，不一定意味着董事会增加女性比例会降低公司价值，而可以解释为该法律对董事会构成施加了一种期于优化的约束性。法拉利（Ferrari）[3] 明确否认了性别配额对公司绩效的负面影响，并观察到股票市场的波动性较低。博莱恩（Beaurain）[4] 则认为公司绩效不受性别配额的影响。关于企业团队合作，多罗夫（Dorrough）[5] 认为与基于绩效的组织晋升相比，基于配额的晋升会降低团队合作。科尔（Kolle）[6] 则认为性别配额可以在不损害效率的情况下，达到提升女性预期的效果，性别配额的存在不会损害团队内部的绩效和合作，也不会削弱人们在团队中工作的意愿。由此可见，性别配额对企业组织绩效和团队合作的影响

---

[1] GREENE D, INTINTOLI V J, KAHLE K M. Do board gender quotas affect firm value? Evidence from California Senate Bill No. 826 [J]. Journal of Corporate Finance, 2020, 60: 101526.

[2] LARA J M G, PENALVA J, SCAPIN M. Financial reporting quality effects of imposing (gender) quotas on boards of directors [J]. Journal of Accounting and Public Policy, 2022, 41 (2): 106921.

[3] FERRARI G, FERRARO V, PROFETA P, et al. Do Board Gender Quotas Matter? Selection, Performance, and Stock Market Effects [J]. Management Science, 2021: 1-26.

[4] BEAURAIN G, MASCLET D. Does Affirmative Action Reduce Gender Discrimination and Enhance Efficiency? New Experimental Evidence [J]. European Economic Review, 2016, 90: 350-362.

[5] DORROUGH A R, LESZCZYNSKA M, BARRETO M, et al. Revealing Side Effects of Quota Rules on Group Cooperation [J]. Journal of Economic Psychology, 2016, 57: 136-152.

[6] KOLLE F. Affirmative Action, Cooperation, and the Willingness to Work in Teams [J]. Journal of Economic Psychology, 2017, 62: 50-62.

作用仍存在争议。

三、个人职业发展相关因素

实施性别配额对个人职业发展产生重要影响，包括女性候选人数量、女性实际话语权和个人职业发展。性别配额的实施使得各候选人中女性的比例明显提升[1]，提高了女性在高层管理人员或高收入职位中的比例，并产生适度且不精确的溢出效应，即代表性。[2] 关于女性实际话语权，女性的发言确实更频繁、更具实质性[3]，但仍面临玻璃天花板效应。克雷维尔（Kerevel）[4] 指出，在墨西哥议员中，尽管配额增加了妇女在其他职位的任职机会，但几乎没有增加妇女进入行政办公室的机会。因此，本书有理由对女性的实际话语权产生质疑。

实施性别配额制度对组织中成员的职业发展产生了影响。由以上分析可知，性别配额虽使女性获得了一些进入高层管理职位或高薪职位的机会，但仍有些职位排斥女性。戈雷茨基（Gorecki）[5] 认为在设置配额后，女性候选人相对于男性候选人的表现往往比配额前更差。但也有部分学者认为性别配额对女性职业发展有积极作用，王（Wang）和凯兰

---

[1] BALTRUNAITE A, CASARICO A, PROFETA P, et al. Let the Voters Choose Women [J]. Journal of Public Economics, 2019, 180: 104085.
[2] MAIDA A, WEBER A. Female Leadership and Gender Gap within Firms: Evidence from an Italian Board Reform [J]. ILR Review, 2022, 75 (2): 488-515.
[3] XYDIAS C V. Inviting More Women to the Party: Gender Quotas and Women's Substantive Representation in Germany [J]. International Journal of Sociology, 2007, 37 (4): 52-66.
[4] KEREVEL Y. Empowering Women? Gender Quotas and Women's Political Careers [J]. The Journal of Politics, 2019, 81 (4): 1167-1180.
[5] GORECKI M A. The Troublesome "Paradox of Gender Quotas": A Few Methodological Notes on the Margin of an Article by Michael Jankowski and Kamil Marcinkiewicz [J]. Politics & Gender, 2021, 17 (1): 104-111.

(Kelan)[①] 以挪威为研究对象指出,性别配额不仅提高了董事会中的性别平等,还增加了女性董事比例,为女性担任最高领导职位奠定了坚实的基础。从长远来看,严格的配额制度的引入延长了男性和女性候选人的职业生涯,但对女性的影响要大得多。[②]

第二节 外部促进机制建设途径

一、社会规范

从制度性障碍的维度审视,社会规范和外部监督作为一股强大的社会压力,对企业多样化的推进具有不可忽视的影响。当行业内其他企业的多样化水平普遍提升,或者外部社会环境、公众认知对多样化有了更高的要求时,企业将面临来自各方的强大压力。此时,如果企业的多样化水平偏低,便会受到负面的社会评价,这种评价可能会直接损害企业的市场价值和声誉。[③] 以推特(Twitter)公司为例,在其2013年首次公开发行股票之际,众多媒体纷纷对其董事会中女性成员的缺乏提出了批评,指出这种性别构成的单一性将对公司带来长期的负面影响。这一事件清晰地展现了外部监督如何对企业的多样化策略产生深刻影响。

[①] WANG M Z, KELAN E. The Gender Quota and Female Leadership: Effects of the Norwegian Gender Quota on Board Chairs and CEOs [J]. Journal of Business Ethics, 2013, 117 (3): 449-166.

[②] MUYTERS G, PUT G J, MADDENS B. Gender bias in candidate turnover: A longitudinal analysis of legislative elections in Flanders/Belgium (1987—2019) [J]. Party Politics, 2022, 28 (6).

[③] CHANG E H, MILKMAN K L, CHUGH D, et al. Diversity Thresholds: How Social Norms, Visibility, and Scrutiny Relate to Group Composition [J]. Academy of Management Journal, 2019, 62 (1): 144-171.

在制度尚未健全或强制性不足的情况下，外部监督能够作为一种临时性的推动力量，促进企业多样化进程加速。然而，当某种制度尚未通过立法形式确立为强制性规范，且缺乏明确、客观的量化标准时，如多年来倡导的男女平等议题，企业往往会参照行业内的平均标准来回应外部监督。[①]

值得注意的是，如果企业决策者并非出于对企业绩效增长的主动追求，而是仅仅为了应对外部压力、避免负面印象，将多样化目标简单地锚定为一般的社会规范，将引入女性领导等行为纳入企业印象管理的范畴[②]，那么一旦企业的多样化程度达到或超过行业平均水平，其进一步推动多样化的动力便会减弱。这种基于外部审查或媒体监督的多样化策略，虽然在短期内有助于企业避免负面评价，但其效果具有严重的局限性。因为它可能导致企业对多样化策略的定位出现偏差，采取错误的多样化策略，从而无法真正实现多样化的深层价值。这也解释了为何在现实中，我们仍然可以看到女性在企业高管团队中持续不足的现象。因此，要真正实现企业的多样化，不仅需要外部的监督与推动，更需要企业从内部出发，深刻认识到多样化的重要性，并将其融入企业的核心价值和长远发展战略之中。

二、制度建设

从制度构建的角度，一种新的制度安排，必定需要通过规范的传播、模仿和强制压力来实现。制度安排的合法化进程就是先前非合法化

[①] COFFMAN L C, FEATHERSTONE C R, KESSLER J B. Can Social Information Affect What Job You Choose and Keep [J]. American Economic Journal: Applied Economics, 2014, 9 (1): 96-117.

[②] DIMAGGIO P, POWELL W W. The Iron Cage Revisited: Collective Rationality and Institutional Isomorphism in Organizational fields [J]. American Sociological Review, 1983, 48 (2): 147-160.

概念逐步涌现、留存，从而获取合法化的过程①；从人才管理的角度，市场存在严重失灵，需要外部力量对市场进行人为干预，纠正其效率损失。而组织管理层性别多样化的争论实际上是社会公正与管理权力的争论，将原本属于全社会的效率问题交给组织来决策是不合理和无效的②，必须由公共部门提供强有力的支持。总体来说，能够改变现状、优化结构、构建新制度安排的方法一般包括两种：一种是依靠自身学习、创新，形成新的制度，创造出新的均衡状态；另一种是依靠外来力量介入，打破原有制度形成的均衡状态，形成新的均衡，达到更优化的自我复制结构。

在探讨如何推动企业多样化的道路上，对决策者提供明确而具体的制度指示，无疑是政策能否有效施行的核心要素。③ 特别是在企业高管团队性别多样化的研究中，这一观点得到了广泛且深入的验证。大多数学者通过实证研究发现，性别配额制度在促进女性高管参与和代表性方面展现出显著的有效性。

性别配额政策的核心目标，即通过明确的制度规定，确保女性在企业的决策层中拥有足够的代表性和参与度。2003年挪威首次实施以来，这一政策已被众多欧洲国家采纳，并以强制性和自愿性两种形式推广。随着全球范围内对多样化作为经济成功关键因素的普遍认可，性别配额制度正在向全世界蔓延。

---

① SMITH W K, GONIN M, BESHAROV M L. Managing Social–Business Tensions: A Review and Research Agenda for Social Enterprise [J]. Business Ethics Quarterly, 2013, 23 (3): 407-442.

② KOGUT B, COLOMER J, BELINKY M. Structural Equality at the Top of the Corporation: Mandated Quotas for Women Directors [J]. Strategic Management Journal, 2014, 35 (6): 891-902.

③ DIMAGGIO P, POWELL W W. The Iron Cage Revisited: Collective Rationality and Institutional Isomorphism in Organizational fields [J]. American Sociological Review, 1983, 48 (2): 147-160.

尽管不同国家和地区的配额政策在具体形式上存在差异，但它们的共同特点由三个核心要素构成：首先，明确规定女性参与者在企业决策层中的最低比例；其次，设定政策落实的具体期限；最后，对未能达标的企业或机构设定相应的违规惩罚。[①] 这种制度设计就像是一个强有力的外部刺激，能够有效推动原本低水平的性别均衡状态向更加平等、包容的高水平状态转变。

配额制度之所以能够有效促进性别多样化，关键在于其提供了明确的制度指示。只要配额比例设定合理，这一政策就能够通过改变企业内部的权力结构、性质和分配方式，打破传统的性别壁垒，为女性高管提供更多的发展机会和空间。同时，这也将促使企业重新审视其招聘、选拔和晋升机制，确保更加公平、透明和包容。

性别配额是一个法制性较强的话题，不仅对企业，甚至对国家治理都十分重要。配额法的引入反映了一国的政治意愿和对性别平等问题的重视程度，对企业管理来说外部环境也十分重要。总体而言，以普斯特和拜伦的元分析文章为里程碑，学者们在公司治理分析框架下，对女性提升公司治理效率的不同维度进行深入探讨。大多数学者支持女性领导引入能为企业带来积极影响的观点，认为女性领导能改善公司治理效率，降低企业风险，提高企业效益。[②] 在实证数据上，绝大多数研究证明了女性领导力对公司社会责任等社会行为的正面影响。另外，国际劳工组织 2019 报告表明，性别多样化可以提高企业绩效，并吸引高效人才。报告总共追踪了 70 个国家约 13000 家企业，在存在管理层性别多样性的企业中，约四分之三的企业利润增长了 5%~20%，其中大多数

---

① TERJESEN S, AGUILERA R V, LORENZ R. Legislating a Woman's Seat on the Board: Institutional Factors Driving Gender Quotas for Boards of Directors [J]. Journal of Business Ethics, 2015, 128 (2): 233-251.

② ADAMS R B, FERREIRA D. Women in the Boardroom and Their Impact on Governance and Performance [J]. Journal of Financial Economics, 2009, 94 (2): 291-309.

公司的增长率为10%~15%。报告还通过对186个国家1991—2017年的数据分析发现，一国女性就业的增加与该国国内生产总值（GDP）的增长正向相关。[①]

配额制度作为一项能有效提升女性在组织决策层的参与度的政策措施，无论是其制定还是执行，都应该引起相关主体重视。从政策制定方来说，应积极推行性别配额法案，制定清晰且详尽的规则条例；关注性别冲突问题，注重性别平等的文化输出；提高国家治理水平，保证公正和信息透明，获得公众对性别配额的关注与支持。从政策执行方来说，切勿实施形式性别配额，严格把关政策执行程序，按标准选择合适的候选人；构建适合组织的性别配额执行框架，实现组织结构的有益重组；在管理过程中，注重制度适应性问题，不同的管理组织需结合自身条件匹配配额制度，不能简单地追求数量上的达标，也应注重制度的合理与巧妙的设计，真正发挥女性人力资本的价值，实现利益最大化。

然而，我们也必须认识到，性别配额政策的研究仍然处于一个相对初级的阶段。对于政策的执行效果、企业对配额制度的反应以及政策制定的前置因素，如合理的配额比例等，都还需要进一步的研究和探索。在未来的发展中，我们期待看到更多关于性别配额制度的研究和实践，为推动企业多样化进程贡献更多的智慧和力量。

第三节 社会网络结构

社会网络分析在推进企业性别多样化方面展现出了卓越的潜力和价

---

① ACT/EMP Report 2019. Women in Business and Management: The business case for change [R]. Bureau for Employers' Activities (ACT/EMP) International Labour Office, 2019.

值，尤其是在测试和制定配额政策这一关键环节中。首先，通过细致的企业间的网络分析，特别是连锁董事网络的深入研究，能够洞察到女性领导者在整体网络结构中所处的相对地位。这种地位分析，不仅揭示了性别在领导层级的分布差异，更为我们理解性别平等在组织结构中的挑战提供了宝贵的视角。其次，社会网络分析中的动态演化模拟功能，能检验和预测那些在现实数据中难以直接观测的潜在情形。这种预测性分析能力，为性别配额等促进政策的制定提供了强有力的依据。通过模拟网络结构的变化，能够预测不同政策对网络结构的影响，从而设计出更加精准、有效的性别配额政策。更重要的是，宏观的社会网络结构实际上是由每一个微观个体行为累积而成的。网络的整体结构和个体行为之间存在着长期的相互作用和反馈机制。利用社会网络分析中的模拟方法，可以对复杂的个体行为法进行反复的检验和模拟，以研究这些微观行为如何相互作用、相互影响，进而汇聚成宏观的网络结构。同时，这种分析还能揭示宏观结构如何反过来作用于微观个体行为，形成一个动态的、相互作用的网络生态。

在将社会网络分析应用于配额促进策略时，不仅能够为制度优化提供理论支持，还能形成一系列信度高、效度好的性别多样化促进手段。从理论层面看，尽管目前尚未形成关于公司董事网络形成机制的完整理论体系，但社会网络分析为我们打开了一扇窗户，使我们能够更深入地探索社会规范、高管团队特征等因素对董事选择的影响。特别是，对于个体行为的心理基础与团体社会网络结构之间的互动关系，社会网络分析提供了独特的研究视角和方法。

从方法层面看，当前的社会网络分析在高管团队研究中大多停留在静态网络属性的分析上，如中心性、封闭性、块、集群等。然而，要全面揭示性别配额制度的有效性，需要超越这些静态属性，深入探究网络结构如何随时间变化、如何与个体行为相互作用。这需要在社会网络分

析中引入更多的动态演化模型和方法，以更全面地理解网络结构与个体行为之间的复杂关系

社会网络结构的固化已成为阻碍企业性别多样化的一个隐性但强大的因素。当这种结构变得根深蒂固，外部的非正式促进策略往往难以撼动其分毫，这无疑加剧了性别不平等的问题。为了打破这种固化的网络结构，实施正式的法定配额制度显得尤为关键。然而，配额数量的设定并非一成不变，需要根据具体的社会网络结构和企业环境进行细致的匹配与调整。

为了更有效地推进性别多样化，可以巧妙利用社会网络分析的独特优势。在深入研究扩散效应的基础上，进一步采用演化模式研究和模拟算法研究，建立一个能够精准模拟有效配额制度的分析框架。具体而言，可以通过详细设定社会网络的初始状态、演化规则以及内生性机制，构建一系列模拟网络。在这些网络中，不断调整参数，以观察企业高管之间是如何联结的，尤其是董事之间的关联模式。这一系列的模拟实验不仅能验证关于社会过程和规则的种种假设，更能为我们提供宝贵的数据支持。

借助扩散效应、演化模式以及模拟算法的综合研究，我们得以深入比较女性领导者和男性领导者在企业高管社会网络中的结构重要性。通过构建精细的仿真模型，能模拟外部干预机制对网络结构可能产生的各种潜在影响。在这一过程中，不断推演、比较和鉴别，通过重复性验证，揭示各种外部干预机制的真实有效性。此外还能深入探讨男性和女性在整体网络结构中的演变趋势。通过观察性别包容这一社会规范如何在组织内部扩散，得以更全面地评估性别配额制度在现实情境中的实施效率。这不仅为我们提供了关于如何有效促进企业性别多样化的深刻见解，更为未来的政策制定和实践操作奠定了坚实的基础。

第四节　中国情境下多样化促进策略

自20世纪80年代起，管理层多样化问题逐渐成为管理学界和实务界关注的焦点。随着时间的推移，尤其是在2015年后，这一议题逐渐从单纯的实践层面转向更为深入的制度性研究。在中国这一特定的文化和社会背景下，女性高管（包括女性董事）的崛起与角色变化，引发了广泛的关注和探讨。

近年来，随着中国经济的飞速发展，女性高管的数量呈现出显著的增长趋势。这不仅体现了女性在社会经济活动中地位的提升，也反映了企业对多元化管理理念的认可和接纳。学术界也敏锐地捕捉到了这一变化，开始将研究重心转向女性在公司治理中的角色与功能，探索她们如何影响企业的战略决策、组织文化和经营绩效。

然而，尽管中国政府已经采取了一系列措施来保障女性在劳动力市场中的权益，如宪法中明确禁止性别歧视，以及制定了一系列法律和政策来保障女性的平等就业，但在实际操作中，女性仍然面临着诸多挑战和困难。无论是在就业还是创业方面，女性都普遍遭受着比男性更多的阻碍和歧视。这种情况不仅限制了女性的职业发展，也影响了整个社会的公平和效率。更为严峻的是，一些反歧视政策的落实并未如预期般有效。在某些情况下，由于政策的意外后果或执行不力，反而加剧了性别歧视的现象。特别是在女性参与企业决策层的问题上，尽管中国作为世界第二大经济体，女性劳动参与率居世界前列，基层岗位的男女比例也相对均衡，但在晋升至中高级管理层的过程中，女性的参与度却急剧下降。据统计，在中级管理层中女性的比例约为22%，在高级管理层中约为11%，在董事会中仅为10%，而担任CEO的女性更是寥寥无几，仅占2%。这一现象不仅揭示了中国企业在性别平等方面的不足，也反映了整个社会对女性领导力认知和接受度的局限。因此，基于中国特有的制度背景和文化环境，深入研究女性参与决策层的促进策略显得尤为重要。这不仅有助于推动中国企业的性别平等进程，提升女性在职场中的地位和影响力，也有助于塑造更加包容、开放和多元的企业文化，推动社会的全面进步和发展。

关于促进策略的研究，对全球来说都处在起步阶段，除了对挪威数据的广泛分析，缺少对其他地域或其他发展阶段经济体的探讨和研究，这为中国数据的研究提供了很好的机会与拓展空间。从全球发展现状来说，男性仍然占据绝大多数公司领导层的岗位，女性参与度严重不足，包括中国在内的亚洲国家的公司董事会和高级管理层中的性别多样化进程十分缓慢，整体水平与欧洲和美国有很大差距。欧洲各发达经济体，女性运动已经开展多年，对于女性参与经济社会的讨论比较全面和成熟，除了实用主义观点所代表的理性经济视角，还兼顾讨论女性参与经济社会对整个社会福利带来的公平与民主观点。而在中国等亚洲国家，除了经济发展阶段与欧洲尚有距离，还存在着"男主外女主内"的传统文化，无论是学界还是社会层面对于女性的商业价值认知都处在萌芽期。比如，通过对韩国企业的研究西格尔（Siegel）[1] 发现大多数韩国企业由于默认男性领导是标配导致女性领导力缺失，从而产生巨大的经营成本，这种企业层面的集体失智实际上是整个社会价值的具体体现；李纪珍等[2]通过对中国6位女性创业者的访谈，发现社会合法性对女性获取关键资源和市场接受度至关重要，社会层面对女性合法性的共识是

---

[1] SIEGEL J, LYNN P, CHEON B Y. Multinational Firms, Labor Market Discrimination, and the Capture of Outsider's Advantage by Exploiting the Social Divide [J]. Administrative Science Quarterly, 2019, 64 (2): 370-397.

[2] 李纪珍，周江华，谷海洁. 女性创业者合法性的构建与重塑过程研究 [J]. 管理世界, 2019, 35 (6): 142-160, 195.

女性发挥价值的前提条件，而中国传统文化中"家庭—社会"角色的冲突会动态影响合法性塑造。由此看出在中国，女性参与商业社会决策层问题还处在合法性构建阶段。

各国之间，由于国家基本制度、公司治理体系、传统文化背景不同，影响女性参与公司决策层的因素，以及有效打破女性"职业天花板"的策略和路径又具有显著差异。比如，董事会结构是否允许代理，是否要求大量外部董事，董事会是否要求员工代表参与，等等。每个国家的具体情境，特殊的制度和文化背景，是决定是否引入相关规章制度的重要决定因素，当然还有其他的要素，比如，关键行为主体的推动，相关政策在其他国家的成功经验，相似政策在其他领域的应用等。

在中国，上市公司股权较为集中，"一股独大"使企业里"家长制""一言堂"的现象十分严重，如果不能在董事会、监事会、管理层等高层机构形成科学民主的决策机制，只依靠自下而上简单地增加女性人数是不行的，需要从政府层面进行引导，自上而下增加女性领导的合法性，同时由证券监管部门进一步引导上市公司优化治理结构，促进女性人力资本发挥积极作用。另外，中国上市公司的控股股东往往具有国有性质，并且国企高管还存在准官员性质，高管同时具有"政治人"和"经济人"的双重角色，而这种政治关联与合法性的联系，以及企业的国有性质与企业社会责任的联系等，都为女性参与路径提供了更多的可能。

在深入探讨中国情境下的企业高管社会网络时，我们必须深刻认识到中国独特的制度背景对其产生的深远影响。中国的董事会组织模式并非简单地模仿或复制他国，而是在吸收和借鉴成熟市场经济国家现代公司治理经验的基础上，逐步形成了独具中国特色的董事会治理体系。这种治理模式既不完全同于美国的模式，也不完全类似于德国的模式，而是结合了中国特有的经济、政治和文化环境，形成了自己的特色。

中国引入监事会这一举措，虽然在某种程度上增强了公司治理的透明度和监督力度，但也使得制度运行成本有所增加。经理人现在需要同时面对董事会和监事会的双重监督，这无疑增加了他们的工作压力和复杂性。因此，在界定中国企业高管的社会网络时，我们不仅要考虑高管们之间的个人关系和职业联系，还必须充分考虑中国经济特有的法律法规、企业惯例以及管理者偏好等结构性因素。此外，通过对中国特有的社会结构进行模拟预测，我们可以更深入地了解如何推动中国社会结构向更加平衡和包容的状态转变。在这一过程中，我们不仅要关注企业的内部治理和决策过程，还要关注企业与政府、社会其他组织以及个体之间的互动关系。只有通过全面、深入地分析这些关系，我们才能更好地理解中国情境下多样化促进策略的制定和实施，从而为实现社会的和谐与可持续发展提供有力的支持。

在中国情境下，女性参与度的增长与国家层面的积极关注紧密相连。具体而言，当一个国家积极推行强有力的管理层多样化促进措施时，该国的女性参与度往往会显著增长，这一点已在欧洲委员会（European Commission）[1] 和索霍（Sojo）[2] 的研究中得到了验证。这种增长并非偶然，而是国家层面政策导向和制度环境共同作用的结果。在推进女性参与度的策略中，非正式外部促进策略虽然在一定程度上能够发挥作用，但其局限性也显而易见。相比之下，法定配额制度被普遍认为是能够显著提高女性参与经济的有效手段。这种制度通过法律手段确保女性在管理层中占一定比例，为女性提供更多的机会和平台，从而促进女性在经济领域的发展。

---

[1] European Commission. Factsheet October 2015: Gender Balance on Corporate Boards - Europe Is Cracking the Glass Ceiling [R]. Luxembourg: European Union, 2015.
[2] SOJO V E, WOOD R E, WOOD S A, et al. Reporting Requirements, Targets, and Quotas for Women in Leadership [J]. The Leadership Quarterly, 2016, 27 (3): 519-536.

第六章 企业性别多样化促进机制

然而，国家层面制度的效果并非孤立存在，它受到多种因素的影响，包括国家制度、文化传统、国际化水平以及关键利益相关者的价值取向。这些利益相关者涵盖社会、商业、国家、国际组织和个人等多个层面。[①] 他们的态度、行为和价值观对女性参与度的提升具有重要影响。一旦一项正式制度被建立和采纳，它便能通过"传染效应"向各层面扩散，不仅增强了自身的效果，还带动了整个社会对女性参与度的关注和重视。这种效应在中国尤为明显，因为中国作为一个具有悠久历史和深厚文化传统的国家，对制度变革和社会进步的敏感度更高。因此，在中国情境下，通过有效性别配额手段来保障男女平等的制度和法规的建设显得尤为重要。同时，社会职能部门也应采取得力措施，完善制度环境，保障社会文化健康发展。这包括加强对女性教育的投入、提高女性的人力资本水平，以及为女性提供更多的职业发展机会和平台。通过这些措施，可以大力培养女性管理人才，提高女性在经济建设中的作用和地位。

在推进女性参与度的过程中，需要自上而下地进行推进，充分发挥女性领导力的应有价值。这不仅有助于推动中国社会经济在转型阶段的发展，还能够促进结构性改革，推动经济持续健康发展。通过女性领导力的发挥，可以激发更多的创新思维和创意灵感，为企业和社会带来更多的发展机遇和动力。同时，女性领导力的提升还能够增强社会的包容性和多元性，促进社会的和谐稳定和发展。

---

① SEIERSTAD C, WARNER-SØDERHOLM G, TORCHIA M, et al. Increasing The Number of Women on Boards: The Role of Actors and Processes [J]. Journal of Business Ethics, 2017, 141 (2): 289-315.

第七章

挑战与展望

第一节 主要挑战

一、文化上的挑战

前文详细讨论了多重董事会成员（主要是男性）如何通过维持现状来保护其作为商业精英的独特性，并对可能挑战现有秩序的新成员（尤其是女性）持保守态度。这种行为反映了文化上的挑战，即男性精英如何维护一种"男性俱乐部"的文化，以此对抗推动性别多样性的努力。这些男性通常占据董事会中的关键位置，并利用其影响力和社交网络来控制新成员的选拔。他们倾向于推荐和支持能够维护现有商业文化和价值观的候选人，这通常也是男性。此举不仅限制了女性进入高层管理和决策层的机会，还加剧了董事会内部的性别不平等。此外，这种文化上的挑战还体现在对女性能力的系统性低估上。男性精英可能对女性的专业能力和领导潜力持怀疑态度，这种偏见阻碍了女性在企业内部的职业发展和在董事会中的代表性。因此，打破这种文化障碍和推广性别多样性不仅需要从结构和政策上做出改变，更需要从文化层面重新审视和调整企业内部的性别观念和行为模式。

现有研究表明，多重董事会成员（尤其是男性）可能会对女性进入董事会产生负面反应。社会认同理论和最佳独特性理论解释了为什么这些男性可能对女性进入董事会持保留态度。研究指出，一个人越重视群体身份带来的资源，这个人就越会维护该群体的规范。因此，保护其身份和地位符合男性董事会成员的利益。女性的大量进入可能会挑战现行的男性文化规范，这使得男性董事会成员更倾向于抵制女性的任命。

二、制度上的挑战

本书深入讨论了性别配额制度在实际应用中的影响，同时指出即使这样的制度已经引入，仍面临多种制度层面的挑战。这些挑战主要体现在配额制度的实施未能根本改变公司中根深蒂固的治理文化和结构。尽管性别配额旨在提高女性在董事会中的代表性、推动性别平等，但在实践中，这些配额往往被视为形式化的要求而非实质性的改变。许多公司可能仅为符合法律要求而表面上增加女性成员，但未真正改变决策过程中的性别偏见或提升女性在董事会中的实际影响力。此外，这些配额制度未必能够打破既有的权力结构，特别是在由男性主导的企业文化中。男性董事会成员可能仍然控制着关键委员会和决策角色，限制了女性董事发挥更大作用的机会。这反映了深层次的文化和结构障碍，即便有法律和政策支持，改变这种状态仍需时间和更根本的文化转变。

为了有效利用性别配额，促进真正的性别多样性和平等，需要企业内部文化的深刻变革，包括重视并实际提升女性在董事会中的权力和影响力，以及调整公司治理结构，确保女性能在董事会中发挥实际和重要的作用。

三、结构上的挑战

在进一步探讨了现有董事会结构如何限制女性进入高级领导层的问

题之后，本书特别强调了当董事会成员拥有多重董事会席位时，他们对女性成员的接纳态度可能更加保守。这种情况反映了深层的结构性障碍，不仅限制了女性董事的数量，还制约了她们的实际影响力。多重董事会席位的男性成员通常在企业界具有较大的影响力和权威，他们通过这些职位构建起相互支持的网络，这些网络往往以维持现状为目的。因此，这些成员倾向于支持那些与他们持相同或相似商业观念的候选人，这通常意味着对其他男性董事的选拔。这样的行为加深了董事会内的性别同质性，使得女性即使被纳入董事会，也很难在决策过程中发挥重要作用或改变董事会的基本运作模式。这种保守的接纳态度不仅限制了女性进入董事会的机会，也影响了她们在董事会中的职能和角色发展。即使在配额制度推动下女性得以进入董事会，她们也可能被分配到权力或影响力较小的角色和职位上，这阻碍了她们在组织中提升领导力和影响力。

要真正解决这一问题，需要对现有的董事会结构进行深入检查和调整，以确保不仅在董事会成员的性别构成上实现多样性，而且在权力和影响力的分配上也体现出平等，为女性提供真正意义上的领导机会。这要求从组织文化到操作流程的全方位改革，以消除结构性障碍，创建更加包容和平等的领导环境。

第二节 未来研究方向与展望

本书提出了未来研究方向的需求，强调了需要进一步探索的领域，特别是如何通过制度和文化改变来增进董事会的性别多样性，以及这些改变如何影响公司治理和绩效。当前研究在理解性别多样性对企业影响方面仍有不足，未来的研究应该更加深入地分析制度改革和文化转变如何具体影响董事会结构和企业运作。虽然性别配额等政策已经在一定程度上推动了性别多样性，但仅仅实现数值上的平衡并不足以彻底改变企业治理的质量。因此，未来研究需要更加关注这些制度变革如何实际影响决策过程、领导风格以及企业的战略定位。例如，可以探讨在不同企业文化和治理结构中，性别多样性如何影响决策质量和创新能力。此外，未来研究还应考虑不同国家和行业的文化差异，以及这些差异如何影响性别多样性政策的有效性。例如，研究在性别平等观念较为落后的文化背景下，如何设计和实施有效的性别多样性策略，以及这些策略如何促进女性在董事会中的实际权力和影响力的提升。最后，为了全面理解性别多样性的影响，未来研究还应关注这些多样性措施如何影响公司的长期绩效和可持续发展。这包括分析性别多样性是否能够带来更广泛的视角、更高的创新能力和更强的风险管理能力，从而在更宏观的层面评估性别多样性的真正价值。

通过本研究，我们对现有关于董事会中女性的文献做出了一些重要贡献。首先，我们扩展了性别研究中基于社会认同理论的解释，调查了精英群体对公司董事会的影响，即拥有多个席位任命的男性和女性与性别多样性决策之间的关系。我们的研究表明并解释了为什么拥有多董事会男性董事的董事会不愿意任命女性董事进入董事会，强调了地位因素在促进性别多样性方面的重要性。其次，根据我们的理论，研究结果表明，现任女性多个席位的持有者以及女性经理人在促进女性的任命中，也体现出女性代表性不足的集体反应。最后，我们进一步了解了政府和企业有意任命女性进入董事会的政策和做法。以德国的数据为例表明，德国最近引入的性别多样性配额产生了积极影响，但要真正从中受益，作为多元化管理和促进性别平等的工具，必须仔细考虑配额对现有企业精英的影响。

参考文献

一、中文文献

1. 期刊

［1］李纪珍，周江华，谷海洁．女性创业者合法性的构建与重塑过程研究［J］．管理世界，2019，35（6）．

［2］熊艾伦，王子娟，张勇，等．性别异质性与企业决策：文化视角下的对比研究［J］．管理世界，2018，34（6）．

［3］曾萍，邬绮虹．女性参与高管团队对企业绩效的影响：回顾与展望［J］．经济管理，2012，34（1）．

二、英文文献

1. 著作

［1］BUTT R S. Structural holes［M］．Cambridge，MA：Harvard University Press，1992.

［2］KOTTER J P. The general managers［M］．New York：Free Press，1982.

［3］USEEM M. The inner circle［M］．Oxford：Oxford University

Press, 1984.

［4］BREWER M B. Optimal distinctiveness, social identity, and theself［M］//LEARY M R, TANGNEY J P. Handbook of self and identity. New York: Guilford Press, 2003.

［5］KANTER R M. Some effects of proportions on group life［M］//RIEKER P P, CARMEN E. The Gender Gap in Psychotherapy. Boston: Springer, 1977.

2. 期刊

［1］ABDULLAH S N, ISMAIL K N I K, NACHUM L. Does having women on boards create value? The impact of societal perceptions and corporate governance in emerging markets［J］. Strategic Management Journal, 2016, 37（3）.

［2］ADAMS R B, FERREIRA D. Women in the Boardroom and Their Impact on Governance and Performance［J］. Journal of Financial Economics, 2009, 94（2）.

［3］BALTRUNAITE A, CASARICO A, PROFETA P, et al. Let the voters choose women［J］. Journal of Public Economics, 2019, 180.

［4］BOIVIE S, LANGE D, MCDONALD M L, et al. Me or we: The effects of CEO organizational identification on agency costs［J］. Academy of Management Journal, 2011, 54（3）.

［5］BONACICH P. Factoring and Weighting Approaches to Status Scores and Clique Identification［J］. Journal of Mathematical Sociology, 1972, 2.

［6］BURT R S. The Gender of Social Capital［J］. Rationality and Society, 1998, 10.

［7］CARLSON R. Understanding Women: Implications for Personality

Theory and Research [J]. Journal of Social Issues, 1972, 28.

[8] COFFE H, REISER M. How Perceptions and Information about Women's Descriptive Representation Affect Support for Positive Action Measures [J]. International Political Science Review, 2023, 44 (2).

[9] CUMMING D, LEUNG T Y, RUI O. Gender Diversity and Securities Fraud [J]. Academy ofmanagement Journal, 2015, 58 (5).

[10] DEVROE R. A Woman's Place? An Experimental Study on the Interaction of Gender and List-Position Cues in a System with Gender Quotas [J]. Journal of Women, Politics & Policy, 2019, 40 (4).

[11] DIMAGGIO P, POWELL W W. Theironcagerevisited: Collective Rationality and Institutional Isomorphismin Organizational Fields [J]. American Sociological Review, 1983, 48 (2).

[12] DIMITROVA - GRAJZL V, OBASANJO I. Do Parliamentary Gender Quotas Decrease Gender Inequality? The Case of African Countries [J]. Constitutional Political Economy, 2019, 30 (2).

[13] DOLDOR E, SEALY R, VINNICOMBE S. Accidental Activists: Headhunters as Marginal Diversity Actors in Institutional Change Towards more Women on Boards [J]. Human Resource Management Journal, 2016, 26 (3).

[14] DORROUGH A R, LESZCZYNSKA M, BARRETO M, et al. Revealing side Effects of Quota Rules on Group Cooperation [J]. Journal of Economic Psychology, 2016, 57.

[15] EAGLY A H, DIEKMAN A B, JOHANNESEN-SCHMIDT M C. Gender Gaps in Sociopolitical Attitudes: A social Psychological Analysis [J]. Journal of Personality & Social Psychology, 2004, 87 (6).

[16] FERRARI G, FERRARO V, PROFETA P, et al. Do Board

Gender Quotas Matter? Selection, Performance, and Stock Market Effects [J]. Management Science, 2021.

[17] GORECKI M A. The Troublesome "Paradox of Gender Quotas": A Few Methodological Notes on the Margin of an Article by Michael Jankowski and Kamil Marcinkiewicz [J]. Politics & Gender, 2021, 17 (1).

[18] GREENE D, INTINTOLI V J, KAHLE K M. Do board gender quotas affect firm value? Evidence from California Senate Bill No. 826 [J]. Journal of Corporate Finance, 2020, 60.

[19] HAMBRICK D C, MASON P A. Upper echelons: The Organization as are Flection of its Top Managers [J]. Academy of Management Review, 1984, 9 (2).

[20] HAMBRICK D C, WERDER A V, ZAJAC E J. New Directions in Corporate Governance Research [J]. Organization Science, 2008, 19 (3).

[21] HILLMAN A J, CANNELLAJR A A, HARRIS I C. Women and Racial Minorities in the Board Room: How do Directors Differ? [J]. Journal of Management, 2002, 28 (6).

[22] HILLMAN A J, WITHERS M C, COLLINS B J. Resource dependence theory: A review [J]. Journal of Management, 2009, 35 (6).

[23] IBARRA H. Personal Networks of Women and Minorities in Management: A Conceptual Framework [J]. Academy of Management Journal, 1993, 18 (1).

[24] JENSEN M C, MECKLING W H. Theory of the firm: Managerial Behavior, Agency Costs and Ownership Structure [J]. Journal of Financial Economics, 1976, 3 (4).

[25] JONES M P. Gender Quotas, Electoral Laws, and the Election of Women [J]. Comparative Political Studies, 1998, 31 (1).

[26] JOSHI A, LIAO H, ROH H. Bridging Domain Sin Work Place Demography Research: A Review and Reconceptualization [J]. Journal of Management, 2011, 37 (2).

[27] KEREVEL Y P, ATKESON L R. Explaining the Marginalization of Women in Legislative Institutions [J]. The Journal of Politics, 2013, 75 (4).

[28] KEREVEL Y. Empowering Women? Gender Quotas and Women's Political Careers [J]. The Journal of Politics, 2019, 81 (4).

[29] KOGUT B, COLOMER J, BELINKY M. Structural Equality at the Top of the Corporation: Mandated Quotas for Women Directors [J]. Strategic Management Journal, 2014, 35 (6).

[30] LENDING C C, VAHAMAA E. European Board Structure and Director Expertise: The Impact of Quotas [J]. Research in International Business and Finance, 2017, 39.

[31] MCDONALD M L, WESTPHAL J D. Access Denied: Low Mentoring of Women and Minority First-time Directors and its Negative Effects on Appointments to Additional Boards [J]. Academy of Management Journal, 2013, 56 (4).

[32] MEIER P. Quotas for Advisory Committees, Business and Politics: Just more of the Same? [J]. International Political Science Review, 2014, 35 (1).

[33] MUYTERS G, PUT G J, MADDENS B. Gender Bias in Candidate Turnover: A Longitudinal Analysis of Legislative Elections in Flanders/Belgium (1987—2019) [J]. Party Politics, 2022, 28 (6).

[34] PEREIRA F B, Porto N F F. Gender Attitudes and Public Opinion Towards Electoral Gender Quotas in Brazil [J]. Political Psychology, 2020, 41 (5).

[35] PFEFFER J, GERALD S. The External Control of Organizations: A Resource Dependence Perspective [J]. New York: Harper & Row Publishers, 1978, 4 (2).

[36] POST C, BYRON K. Women on Boards and Firm Financial Performance: A Meta-Analysis [J]. Academy of Management Journal, 2015, 58 (5).

[37] SEIERSTAD C, WARNER-SØDERHOLM G, TORCHIA M, et al. Increasing the Number of Women on Boards: The Role of Actors and Processes [J]. Journal of Business Ethics, 2017, 141 (2).

[38] SIEGEL J, LYNN P, CHEON B Y. Multinational Firms, Labor Market Discrimination, and the Capture of Outsider's Advantage by Exploiting the Social Divide [J]. Administrative Science Quarterly, 2019, 64 (2).

[39] SMITH W K, GONIN M, BESHAROV M L. Managing Social-Business Tensions: A Review and Research Agenda for Social Enterprise [J]. Business Ethics Quarterly, 2013, 23 (3).

[40] SOJO V E, WOOD R E, WOOD S A, WHEELER M A. Reporting Requirements, Targets, and Quotas for Women in Leadership [J]. The Leadership Quarterly, 2016, 27 (3).

[41] TERJESEN S, AGUILERA R V, LORENZ R. Legislating a Woman's Seat on the Board: Institutional Factors Driving Gender Quotas for Boards of Directors [J]. Journal of Business Ethics, 2015, 128 (2).

[42] TERJESEN S, SEALY R. Board gender quotas: Exploring Ethical Tensions from a Multi-theoretical Perspective [J]. Business Ethics

Quarterly, 2016, 26 (1).

[43] WEEKS A C, BALDEZ L. Quotas and Qualifications: the Impact of Gender Quota Laws on the Qualifications of Legislators in the Italian Parliament [J]. European Political Science Review, 2014, 7 (1).

[44] WESTPHAL J D, STERN I. The other Pathway to the Board room: Interpersonal Influence Behavior as a Substitute for Elite Credentials and Ma-jority Status in Obtaining Board Appointments [J]. Administrative Science Quarterly, 2006, 51 (2).

[45] ZHU D H, WESTPHAL J D. How Directors' Prior Experience with other Demographically Similar CEOs Affects their Appointments onto Corporate Boards and the Consequences for CEO Compensation [J]. Academy of Management Journal, 2014, 57 (3).